PARA ADOLESCENTES Y PADRES

NUEVO ESTILO DE VIDA

PARA ADOLESCENTES Y PADRES

Julián Melgosa

Doctor en Psicología, ex profesor del Newbold College y de la Open University (Universidad a Distancia), del Reino Unido

Decano del Adventist International Institute of Advanced Studies (Filipinas)

editorial safeliz

Serie **Nuevo Estilo de Vida**

Equipo editorial:

Director General	**José Rodríguez Bernal**
Director de Administración	**Alejo Goya**
Director de I+D	**Jorge D. Pamplona Roger**
Producción	**Francesc X. Gelabert**
Org. de Producción	**Luis González**
Redacción	**Raquel Carmona**
Edición electrónica	**Elisabeth Sangüesa**
	Javier Zanuy
Diseño	**José Mª Weindl**
Fotografía	**Pablo Lozano**
Control de Fabricación	**Martín González Huelmo**

Impresión MARPA Artes Gráficas – E-50172 Alfajarín (Zaragoza)

ISBN: 84-7208-103-6
Depósito legal: Z-842-2000

IMPRESO EN ESPAÑA / *PRINTED IN SPAIN*

EDITORIAL SAFELIZ, S.L.
Aravaca, 8 – 28040 Madrid (España)
tel. (+34) 91 533 42 38 – fax (+34) 91 533 16 85
e-mail: admin@safeliz.com – www.safeliz.com

Promociona: **Asociación Educación y Salud**

Abril 2000: 3ª impresión de la 1ª edición

ÍNDICE

Prólogo

Comprensión y tolerancia

Esa esperanza sin límites es la más preciosa joya de la juventud.

GUSTAVO ADOLFO BÉCQUER
poeta español
1836-1870

La manera de conservase joven es vivir con la juventud.

ANDRÉ MAUROIS
escritor francés
1885-1967

POSIBLEMENTE no haya época en la vida más compleja y turbulenta que la que en inglés se ha dado en llamar la de los 'teen-agers' (13-19 años), es decir la adolescencia. Etapa de ***transición,*** *donde se manifiestan todas las* ***dudas, vacilaciones e incertidumbres*** *humanas; que si no son debidamente resueltas pueden dejar restos importantes de inmadurez en la persona adulta.*

La adolescencia es a la vez la edad del ***idealismo*** *y de la* ***esperanza,*** *cuando todos los caminos de la vida se abren luminosos ante la energía del joven presto a comprometerse en grandes y nobles proyectos. Decía* ***Joan Manuel Serrat*** *en la primitiva versión de una de sus primeras canciones en catalán, "Ara que tinc vint anys" (Ahora que tengo veinte años):* ***«Ahora que aún tengo fuerza, que no tengo el alma muerta... Ahora que todavía puedo creer en Dios... Quiero cantar a la vida...»***

Aunque desde luego todos los adultos han tenido que pasar por la edad adolescente, curiosa y paradójicamente, a los padres, y a los mayores en general, con frecuencia les resulta ***difícil comprender*** *a los quinceañeros e incluso a los veinteañeros.*

El doctor Melgosa, posee conocimientos y habilidad como consejero y divulgador, que quedaron ya manifiesto en otra obra suya de esta serie NUEVO ESTILO DE VIDA, ¡Sin estrés!, *que se está distribuyendo con gran éxito en la actualidad en francés, inglés y portugués, y por supuesto en su lengua original, el castellano. Además el doctor Melgosa ha dedicado toda su vida profesional a la educación y formación de adolescentes y jóvenes en España e Inglaterra con notable éxito. Por eso fue a él a quien Editorial Safeliz le pidió preparara esta obra de orientación práctica para padres e hijos, así como para líderes y educadores juveniles. Y sinceramente creemos que lo ha conseguido.*

En PARA ADOLESCENTES Y PADRES, *su autor, partiendo de las causas que han provocado la actual, y bastante profunda, "brecha generacional", ofrece –con base científica psicológica y sociológica– solventes consejos prácticos para superar ese distanciamiento que a veces puede parecer insalvable.*

Como en los demás libros de la serie, aquí se ofrece una faceta humana que es necesario cultivar para conseguir un ***nuevo estilo de vida*** *que favorezca personas y familias más equilibradas y felices, y en definitiva una sociedad más humana.*

El lector –joven o adulto– descubrirá que la mejor fórmula de entendimiento entre los adolescentes y sus padres y maestros se basa en algo bien conocido: ***comprensión y tolerancia,*** *como fruto del genuino* ***amor.*** *El gran mérito de* PARA ADOLESCENTES Y PADRES, *consiste en que el autor consigue dar indicaciones aplicables a la vida cotidiana, de modo que las relaciones personales y sociales entre los adolescentes y la gente mayor se puedan desarrollar dentro de un* ***estilo de vida correcto y equilibrado.***

Es pues esta una obra que debe estar en la biblioteca de todos los que desean aprender a resolver, y sobre todo prevenir, incomprensiones e intolerancias entre la generación joven y la adulta.

Como se puede ver en el plan general del libro (págs. 10-11), el autor analiza las relaciones del adolescente con todos los ámbitos que pueden afectar al desarrollo de su carácter y la formación de su personalidad.

Siguiendo nuestra línea editorial, numerosos cuadros y multitud de ilustraciones con sus oportunos pies, facilitan al lector la asimilación o el repaso del contenido de la obra, y mediante sus índices (págs. 5, 187-191) la búsqueda inmediata de temas o datos concretos.

El esfuerzo ilusionado del autor así como el de todo el equipo de Safeliz –que incluye a sus entusiastas distribuidores–, se verá recompensado, si este libro, como deseamos, se convierte en ***consejero útil y eficaz,*** *que favorezca un clima de* ***comprensión y tolerancia mutuas*** *entre la juventud y los adultos.*

Esperamos pues que PARA ADOLESCENTES Y PADRES *llegue a ser una bendición para los miembros de muchas familias de los cinco continentes donde se están distribuyendo los libros de la serie* NUEVO ESTILO DE VIDA.

LOS EDITORES

PARA ADOLESCENTES Y PADRES

La adolescencia hoy, bastante distinta de la de ayer

Siempre ha habido adolescentes, pero hoy la suya es una edad más señalada. Las nuevas pautas sociales y culturales han convertido al caminante hacia el mundo de los adultos en alguien que atraviesa una etapa realmente extraordinaria, surcada de incógnitas pero abierta a infinitas posibilidades.

Salvaguardar el porvenir es posible

A través del esfuerzo académico, sabiamente programado, hacia la conquista de la formación, el método y la autodisciplina que reclamará la vida profesional del mañana... Al margen de ello, una acertada determinación de la vocación y de los talentos personales aumentará las garantías para el éxito en el incierto mercado laboral.

Comprender a los hijos..., comprender a los padres

A los adultos a veces les resulta difícil entender a los jóvenes, pues las pautas culturales y sociales están evolucionado de modo sorprendente y vertiginoso. Y a los adolescentes les sucede otro tanto. Un conocimiento mutuo ayudará a que las relaciones entre padres e hijos –como fruto de la comprensión, la tolerancia y el amor– resulten armoniosas y fructíferas.

Amigos y sociedad: retos para el adolescente

El despegue del hogar, fenómeno natural y necesario para todo joven, conviene que sea progresivo y armonioso. Lejos de inquietarse en exceso, los padres deberían alentarlo. Por su parte, es preciso que el adolescente tenga las ideas claras sobre cuáles son los mejores caminos para abrirse al mundo sin tener que renunciar ni a su personalidad ni a sus principios.

ESTRUCTURA DE LA OBRA

ver el "Índice", pág. 5

La edad del autoencuentro

Identidad, autoestima, primer amor,
conflictos emocionales, crisis existencial...
La persona empieza a serlo con plena conciencia de ello.
Y a sentir el peso de la responsabilidad, en contacto con las nuevas exigencias vitales y sociales que se le van presentando.
Y así es como se va encontrando a sí misma.

Prevención, por supuesto. Alternativas, sobre todo

La droga, en cualquiera de sus formas,
es una trampa malévola e insaciable
que oculta peligros letales y supremas codicias.
Nunca resultará excesivo el tiempo que se dedique
a amar y educar a hijos y alumnos adolescentes.
Un futuro saludable está esperándolos.

Cuando la naturaleza sigue su curso...

Si el adolescente aprende a canalizar la explosión de energía física y emocional que le toca vivir dentro de sí y en su entorno, la sexualidad le resultará una fuente de gozo y de satisfacción.
Y en esto no vale dejarse llevar por lo que hace "todo el mundo", sino que se necesitan criterios de conducta firmes basados en una información clara, seria y positiva.

La base más sólida y segura para un nuevo estilo de vida

En un mundo donde las ideologías que se nos ofrecen son múltiples y contradictorias, no es tarea fácil encontrar bases seguras en las que asentar nuestra conducta individual y social.
De ahí la necesidad de que el adolescente pueda descubrir por sí mismo que, por encima de los valores puramente materiales, existen otros más duraderos que dan sentido a nuestra vida.

1

Una etapa extraordinaria

LUCÍA tiene 14 años y ha cambiado mucho en los últimos meses. Se muestra menos comunicativa que antes. Esto a su madre la tiene bastante confusa, según se desprende de sus propias palabras:

«Siempre me he llevado muy bien con mi hija, pero ahora tengo la impresión de que se está creando una gran distancia entre nosotras. Antes ella me contaba todo lo que hacía en clase y lo que hablaba con sus amigas. Ahora pasan días y días casi sin mediar palabra entre nosotras dos. Y con su padre, si habla, es para discutir. No se ponen de acuerdo en nada y acaban a gritos.

»Sin embargo, la encuentro mucho más madura en todo. He de reconocer que, con frecuencia, en las disputas con su padre ella tiene toda la razón. También me doy cuenta de que cuando hace algo que le gusta es incansable.

»La otra noche se quedó hasta muy tarde haciendo un trabajo escolar sobre ecología, que es un asunto que le interesa profundamente. A la mañana siguiente, a

En los campos de la vida no hay más que una primavera.

LOPE DE VEGA
poeta y dramaturgo español
1562-1635

Mocedad y buen entendimiento no vienen a un tiempo.

REFRÁN ESPAÑOL

pesar de haber dormido muy poco, se la veía la mar de contenta y se mostraba muy cariñosa. Le pedí que llamase a su tía por teléfono porque la habían operado. Yo pensaba que se iba a negar. Pero me contestó sonriente: "Claro que sí, mamá. Para eso estamos la familia, ¿no?". Me doy cuenta de que Lucía ha cambiado, y no necesariamente para mal; pero muchas veces no sé cómo tratarla.»

Los muchachos y muchachas se vuelven **diferentes** al llegar a la adolescencia. Estos cambios los dejan bastante perplejos a ellos, e incluso a sus propios padres, así como a los adultos que tienen que tratarlos; a pesar de que los mayores saben que todo estos cambios son algo natural que era de esperar. El adolescente está pasando **de niño a adulto**. Y las responsabilidades así como los privilegios son muy distintos en una etapa y en otra.

Además, es la edad en la que se experimentan los ***mayores* cambios fisiológicos** de toda nuestra vida, que van acompañados de variaciones también significativas en el ámbito psicológico (afectividad, emotividad) y en las relaciones.

La **pubertad** es la fase inmediatamente anterior de la adolescencia, o incluso se puede considerar que constituye el primer estadio de ella. Se caracteriza especialmente por los cambios fisiológicos de la edad. La propia etimología de la palabra, que proviene del latín *pubes*, señala al pubis como el lugar donde se evidencia el comienzo de la pubertad: el vello pubiano anuncia los cambios que acompañan a esta etapa.*

Dependiendo del propio sujeto y del contexto en que se mueva, la **duración** de la adolescencia puede variar desde unos meses hasta varios años.

La adolescencia va acompañada asimismo de una **expansión intelectual** significativa. El adolescente se va sintiendo cada vez más capacitado para pensar por sí mismo, para razonar, para identificar las inconsistencias, y para argumentar.

A todo ello se añade la demora que la sociedad y el sistema educativo imponen al joven para iniciarse laboralmente, con lo que nos encontramos con que la etapa adolescente **se ha ido prolongando.** De ahí que los padres y otros adultos allegados se impacienten, pues querrían que la

* Conviene conocer cómo y por qué se producen los importantes cambios fisiológicos de la pubertad y adolescencia, y de qué modo afectan al muchacho y a la muchacha, tanto desde el punto de vista físico como psicológico. Para obtener esta información, de fuente solvente y fiable, recomendamos la consulta de los dos primeros capítulos de la *Enciclopedia salud y educación para la familia*, en el caso de los varones, y el cuarto y quinto para las muchachas. Esta obra, en cuatro tomos de gran formato, ha sido publicada por Editorial Safeliz y se halla disponible en su edición original española, y también en alemán, francés e inglés.

En la cuerda floja. Transitando entre dos mundos, el adolescente sufrirá algún que otro tambaleo. Todavía apegado a su niñez, ya huidiza, el simple paso de los años lo enfila sin remedio hacia la edad adulta, destino cuajado de incertidumbres, paradojas y perplejidades. A menudo no sabrá muy bien a qué atenerse y, para prevenir caídas, tendrá que aprender a medir sus pisadas. El apoyo inteligente de sus mayores lo ayudará a ahorrarse experiencias traumáticas.

tormenta adolescente pasara lo antes posible, y que el muchacho o la jovencita "sentara la cabeza".

Sin embargo, hay muchos aspectos positivos en esta etapa:

- El adolescente es **idealista**, intuye conceptos y realidades que están fuera del alcance del adulto, que con los años se ha ido volviendo quizá "demasiado" realista.
- El adolescente dispone de una **energía** física y psicológica que puede llegar a producir lo impensable.
- Se halla dotado de una fuerte **creatividad** que, en la mayoría de los casos, tiende a desvanecerse, o al menos a atemperarse notablemente, al entrar en la etapa adulta.
- Cuenta con un marcado **sentido de la justicia,** por lo que es capaz de reconocer la ausencia de ética sin cegarse con intereses personales o convencionalismos sociales.
- Es capaz de **amar *intensamente*, o de rechazar** con igual fuerza algo o a alguien.

En suma, el adolescente está lleno de recursos, que puede utilizar con provecho; sobre todo si encuentra comprensión entre los adultos, y estos le ofrecen apoyo y ayuda para encauzar sus talentos y virtudes hacia un estilo de vida positivo y saludable.

¿Qué es la adolescencia?

En una reunión de un claustro de profesores de enseñanza secundaria escuché una de las interpretaciones más curiosas de la adolescencia. Refiriéndose a los múltiples problemas que aparecen en esta edad, uno de los profesores dijo:

«Estoy convencido de que todo este asunto de la adolescencia es un montaje de los

continúa en la página 18

PARA TI

Infórmate sobre la pubertad

Desde la niñez todo tu organismo se ha estado preparando internamente para la pubertad, momento cuando empiezas a notar cambios en tu cuerpo, que se prolongarán durante varios años. Conviene que te informes acerca de ellos, de modo que no te sorprendan y conozcas cómo la naturaleza está preparando el camino para que seas mujer u hombre adulto (ver nota pág. 14).

Para ellos

Cuando tu cuerpo se halle listo para la pubertad, la hipófisis (una glándula del tamaño de un garbanzo que hay debajo del cerebro) segregará hormonas a la sangre, por medio de las que enviará mensajes a otras glándulas para que hagan lo mismo. La primera señal de la pubertad es que **en el pubis** (de ahí viene la palabra 'pubertad') **empieza a crecer vello**.

También notarás que **tu crecimiento se acelera**, haciéndote más alto y más fuerte. Este "estirón" suele empezar a los 13 o 14 años, aunque cada muchacho es diferente.

La maduración sexual se hace patente porque los **testículos aumentan de tamaño**. Y un poco más tarde, ocurre lo mismo con el **pene**. El tamaño de estos órganos es muy variable y en ningún caso tiene nada que ver con la virilidad o la potencia sexual.

Todo esto indica que tu cuerpo está **preparándose** para la **sexualidad** con la consiguiente producción de **espermatozoides** (las células que tienen la capacidad de fertilizar un óvulo femenino y dar lugar a una vida humana).

Una demostración externa de este proceso interno es la emisión de **semen**. El semen o esperma es el fluido portador de los espermatozoides. Un año después del comienzo del crecimiento del pene, los muchachos empiezan a expulsar este fluido por el pene. Generalmente ocurre de noche, cada una o dos semanas (a veces incluso con mayor frecuencia). Es otra señal de desarrollo sexual.

El **cambio de voz** es otra de las variaciones de esta edad. La voz se va haciendo cada vez más parecida a la del varón adulto. El desarrollo de las cuerdas vocales tarda unos meses, y entre tanto puedes tener una mezcla de voz de niño y de hombre.

La **piel** también experimenta **cambios**. El nivel de grasa en la piel de la cara y la espalda aumenta y, con ello, también aumenta la probabilidad de tener **granos y espinillas**. Esto posiblemente te molestará porque todo el mundo puede verlos, pero es bastante normal. En la inmensa mayoría de los casos, tanto los granos como las espinillas, desaparecen completamente sin dejar señal. A veces se complican con erupciones muy numerosas y frecuentes, lo que se denomina **acné**. El acné puede tratarse médicamente. (Se ofrece más información sobre el acné en pág. 33.)

Todos estos cambios pueden hacerte **más irritable o diferente** en la manera de comportarte. Son consecuencias de la actividad hormonal, pues las hormonas también tienen que ver con la conducta. Pero no culpes a las hormonas de todos tus fallos. Asume tu responsabilidad.

En esta etapa adolescente, **ten paciencia**. Los cambios son bastante numerosos e importantes, y llevan su tiempo.

Entre tanto, cuídate bien**. Duerme abundantemente**. Muchos adolescentes necesitan más horas de sueño que cuando eran niños. **Aliméntate con equilibrio**; la comida es tu combustible (examina el cuadro de la pág. 24). Y mantén un buen nivel de **ejercicio físico** por medio del deporte y de la actividad general.

Para ellas

Tu reloj biológico marcará el comienzo de una serie de cambios profundos en tu cuerpo. La hipófisis es la glándula que los dirige todos. En la inmensa mayoría de los casos, lo hace de la mejor forma posible y en el momento oportuno.

Quizá la primera evidencia de tu paso a ser mujer (10-11 años de edad) es el inicio del **desarrollo de los senos**. Notarás una zona dolorosa al tacto al lado de los pezones. No es un tumor y muchos muchachos también lo tienen. Desaparece en unos meses. A continuación los pezones tienden a levantarse y las aréolas se oscurecen. Los senos crecen primero en forma cónica y más tarde toman la forma definitiva de la mujer adulta.

Notarás que **tu altura y peso aumentan** a ritmo más acelerado que antes y se te empiezan a ensanchar las caderas.

Aparecerá **vello en el pubis**. Es el comienzo de la pubertad. Poco después te crecerá pelo en **las axilas**.

Quizá la señal más sobresaliente que experimentarás en este paso a ser mujer es **la menstruación o regla**. Has de entender que, dependiendo de cada caso en particular y de la zona del mundo donde vivas, la primera regla o **menarquía** puede ocurrir muy pronto (a los 10 años) o más bien tarde (a los 16 años). Por término medio se presenta entre los 12 y los 14 años.

La menstruación dura unos tres o cuatro días de cada mes. Durante ese tiempo, expulsarás por la vagina una pequeña cantidad de sangre. Por ello resulta necesario el uso de **compresas o tampones** que absorban esa sangre mientras haces vida normal.

La menstruación es un **proceso completamente natural** en la mujer sana. En muchos lugares, la menarquía es motivo de alegría familiar. Paradójicamente, en otros, donde por ejemplo se regocijan con el primer diente del bebé; en cambio no se recibe con gozo la primera menstruación de una muchachita, sino que se rodea de secretos y tabúes.

La menstruación ocurre porque cada 28 días aproximadamente el **útero** se prepara para **recibir el óvulo,** que si fuera fertilizado por un espermatozoide masculino, llegaría a ser un bebé. Al no ocurrir esto, se hace innecesaria la capa interna del útero, que se hallaba lista para la nidación del óvulo fecundado. Esta capa entonces se elimina por la vagina mediante una pequeña hemorragia. Por esta razón, las mujeres embarazadas no tienen la regla.

Otra evidencia de esta edad es la **piel** de la cara, que se hace **más áspera y grasienta**, favoreciendo el crecimiento de granos y espinillas. Conviene que la mantengas limpia. Los granos desaparecerán definitivamente y la piel acabará suavizándose por sí sola.

Todos estos cambios pueden hacerte **sentir diferente**: Hay muchachas que se vuelven más habladoras, otras más calladas, algunas pueden sentirse tristes y otras más eufóricas. Por último, hay otras que no experimentan ninguna variación.

A esta edad, debes cuidar tu salud por medio del **ejercicio físico** moderado y el descanso necesario. La **alimentación equilibrada** (ver pág. 24) es imprescindible para apoyar todos los cambios que vas a experimentar. La menstruación te recuerda la necesidad de una dieta rica en **vitaminas y minerales**, especialmente en hierro. Para conocer todo lo que te puede interesar referente a la menstruación, te recomendamos nuestra 'Enciclopedia salud y educación para la familia' (ver nota pág. 14).

«La verdad... Hay momentos en que no me aclaro.» El adolescente sufre un constante bombardeo de novedades y expectativas, que lo presionan. A ello se añade un plus de energía y vitalidad física e intelectual, que no siempre resulta fácil controlar y canalizar. Así que no es de extrañar que a veces se sienta abrumado y falto de esa orientación que únicamente sus mayores pueden ofrecerle.

viene de la página 15

alumnos para aprovecharse de nosotros. No tienen ganas de estudiar, y lo tenemos que comprender... porque son *adolescentes.* No obedecen las normas de la escuela porque están en una edad difícil. No obedecen a los padres porque están sufriendo los cambios de esta etapa *tan delicada.* En definitiva, se están haciendo dueños de la situación enarbolando la bandera de la adolescencia.»

Aunque quizá semejante declaración resulte acertada en determinados casos, no podemos, sin embargo, negar la realidad de unas peculiaridades propias –bastante significativas, por cierto– de este estadio vital.

Entre los estudiosos del asunto se observa un cierto desacuerdo sobre la naturaleza de dichas características, y, especialmente, sobre el modo de enfrentarse a ellas. Existe, sin embargo, un general consenso en cuanto al reconocimiento de la realidad de esa etapa llamada adolescencia.

La adolescencia es, en definitiva, el **periodo de transición** entre la niñez y la edad adulta.

La adolescencia a través de la historia

El concepto de 'adolescencia' viene de antiguo.

Ya ***Aristóteles*** señala ciertas características negativas en el adolescente:

Está lleno de pasión y de deseo sexual, es irascible y propenso a dejarse llevar por sus impulsos. No obstante, añade que el adolescente es caritativo, confiado, seguro de sus afirmaciones y con elevadas aspiraciones.

Después de Aristóteles, otros muchos autores han hecho observaciones a propósito de esta etapa de la vida humana.

Sin embargo, la adolescencia no había recibido una atención sistemática hasta los mismos comienzos del siglo XX. Anteriormente se la consideraba como una fase de espera hasta que el muchacho pudiera empezar a producir.*

* Esta idea predominó durante la Revolución Industrial (siglo XIX), época cuando encontramos centenares de miles de obreros en las minas y fábricas, con edades comprendidas entre los 10 y 13 años, trabajando más de diez horas diarias.

Stanley Hall marca el comienzo del estudio científico de la adolescencia con la publicación en 1904 de un voluminoso tratado sobre esta etapa. Su teoría reitera la idea de que la adolescencia es como un **puente** entre los años "salvajes" de la niñez y la fase "civilizada" de la edad adulta. Se espera, pues, que la adolescencia sea un periodo de turbulencia, pasión, sufrimiento y rebeldía contra el mundo adulto.

Sigmund Freud, el fundador del psicoanálisis, explica la adolescencia como el restablecimiento de los impulsos sexuales perdidos en la niñez. Su conclusión es que estos cambios traen consigo trastornos internos en la vida del adolescente: ansiedad, aislamiento, confusión y culpabilidad.

Margaret Mead fue quien primero llamó la atención sobre el problema de asociar adolescencia y **crisis.** Sus estudios etnográficos en Samoa y Nueva Guinea la llevaron a concluir que la adolescencia, como etapa turbulenta, es exclusiva de ciertas sociedades y que tal concepto no existe en otras culturas, como las de ciertas islas del Pacífico.

Erik Erikson entendió la adolescencia como el momento en que el joven trata de resolver las cuestiones:

¿Quién soy?

¿A qué me dedicaré?

¿Acepto o no las ideas de la generación anterior?

Se trata del periodo de **búsqueda** de la **identidad personal**. Unos resuelven el problema fácilmente, otros tardan años; pero todos tienen que plantearse estas preguntas.

Jean Piaget enfatizó el aspecto intelectivo de la adolescencia como etapa culminante del desarrollo intelectual, que dota a cada individuo de las aptitudes mentales necesarias para adentrarse en las complejidades del conocimiento. Pasada la adolescencia el sujeto ya piensa como adulto.

En la actualidad se admite la ***tremenda*** magnitud de la **actividad endocrinológica** de la adolescencia, que motiva cambios de diversa índole. En cuanto al efecto que todos estos cambios ejercen sobre cada sujeto, existen **diferencias individuales** muy grandes; y lo que para algunos es un periodo de turbulencia, para otros puede resultar una etapa normal y carente de dificultades serias.

Además de los posibles problemas, también se reconoce hoy el ***gran* potencial** del **adolescente**, quien cuenta con atributos que lo capacitan para asegurarse logros significativos.

¿Cuál es la edad adolescente?

No es fácil responder con precisión a cuánto abarca la adolescencia, especialmente en la compleja sociedad de los países industrializados.

El comienzo, aunque con amplia variación, viene determinado por el **componente biológico**; es decir, el advenimiento de la menstruación y demás transformaciones en el caso de las niñas, y del desarrollo genital y otros cambios en los muchachos.

El **problema** se presenta al querer determinar el final de la adolescencia.

*¿**Cuándo** podemos afirmar que la joven no es más una niña sino una **mujer**?*

*¿En qué momento podemos decir que el muchacho es ya un **hombre**?*

La complejidad de este asunto se debe especialmente a que el criterio para iniciar la edad adulta presenta un **componente social**, no meramente biológico.

Técnicamente, es adulto quien ha alcanzado la mayoría de edad legal (**18 años** en muchas legislaciones). Sin embargo, la verdadera condición de adulto no se alcanza hasta haber conseguido la independencia, la **emancipación**, unos ingresos personales. Y esto, en nuestra sociedad, se está retrasando.

Los adolescentes continúan dependiendo de sus padres durante largos años de estudios y búsqueda de empleo. Con frecuencia,

En algunas culturas (ver el cuadro de la página siguiente), **el paso a la adolescencia no resulta un problema excesivo, por estar ritualizado y colectivamente programado. En nuestra sociedad, en cambio, asume rasgos más difusos: la imitación social, en poses y costumbres, es típica del tránsito a la nueva etapa de la vida.**

pasados los **20 o 25 años** de edad. Aun cuando se hayan alcanzado la madurez biológica y los derechos que las leyes reconocen a un adulto, la **adolescencia psicosocial** continúa.

Por todo ello, los psicólogos de la adolescencia han concluido que en los países industrializados esta no es solamente una **etapa *de transición*,** sino también una **etapa *en expansión*.** Por tanto, hoy se hace referencia a:

- la **adolescencia temprana:** 11-15 años,
- la **adolescencia media:** 16-18 años, y
- la **adolescencia superior** o tardía: 18-22 o más años.

¿Un fenómeno cultural?

En otras culturas esta transición es breve y directa: Existe una convención social que marca con exactitud cuándo el niño puede considerarse hombre o la niña mujer. Y desde ese momento –muchas veces acompañado de un ritual o una celebración–, la comunidad considera de hecho y de derecho a esos jóvenes como adultos (ver un par de ejemplos de ello en la página siguiente).

En este contexto, las posibilidades de turbulencia psicológica son notablemente menores, y la edad adolescente no se considera traumática en prácticamente ningún caso. De ese modo, los ritos de iniciación evitan una **prolongada transitoriedad** de la adolescencia.

Con todo ello, ***se reduce*** al mínimo la frecuencia de **conflictos e inseguridades** en el muchacho o la jovencita.

En cambio, en los países industrializados, los jóvenes no perciben objetivamente cuándo pueden considerarse adultos y, por su parte, las generaciones previas tampoco están seguras de cuándo ha llegado el momento de tratarlos como personas mayores.

En efecto, la **brecha generacional** parece ser ***más amplia*** en nuestros días que en el pasado.

Los padres, y no digamos ya los abuelos, de los adolescentes actuales no asistieron a una escuela donde hubiera ordenadores (computadoras) en las aulas, no llevaban dinero en el bolsillo, muy pocos tenían televisión o automóvil, y en la inmensa mayoría de los casos no iban de vacaciones al extranjero.

Y lo que es más importante, no contaron con el ***complejo y variado* abanico de opciones** que hoy tienen los jóvenes.

Tampoco tuvieron que afrontar el problema del **desempleo juvenil** en la extensión que hoy afecta a la mayoría de los países.

Estas circunstancias hacen de la adolescencia no solo un fenómeno cultural más di-

continúa en la página 22

Ritos de pubertad

GHANA

Tradicionalmente, las muchachas **akan,** de Ghana, siguen un ritual muy específico para su paso al rango de mujer. La aparición de la menstruación y el crecimiento de los senos indican que es hora de considerar mujer a la joven. Los pasos a seguir están bien establecidos:

1. La muchacha –en compañía de su madre– visita a la reina madre de la comunidad. Esta examina su condición de virgen y el crecimiento de los senos. Si todo está en orden, la familia tiene luz verde para hacer público el suceso.
2. Enseguida se improvisan sonidos metálicos con las herramientas disponibles y se ofrecen palabras de alabanza al cielo y a la tierra. Esta ruidosa algarabía –que se percibe en todo el poblado– indica que una joven se halla preparada para ser mujer.
3. La familia de la muchacha fija la fecha para llevar a cabo el **Bragoro**, la fiesta especial para dar término a la niñez y comenzar la edad adulta.
4. El día del **Bragoro**, muy temprano, la muchacha acude –en compañía de su madre y una tía paterna– a la ribera del río para ser lavada y acicalada para la fiesta.
5. El resto del día lo pasa en el exterior, expuesta a la comunidad. Todos la honran y dedican el día a celebrar el acontecimiento: danza, música, comida especial y regalos para la muchacha.
6. A partir de ese momento, todo el mundo la tratará como mujer y ella también se sentirá como tal.

KENIA

La obligatoriedad de la enseñanza escolar ha producido variaciones en la cultura de la comunidad **kalenjin** de Kenia. A pesar de todo, el rito de paso a la edad adulta se sigue realizando. En la actualidad se organiza durante las vacaciones de verano, para no perturbar el ritmo escolar. En el caso de los varones, ocurre así:

1. Los cambios en la voz y en la apariencia exterior señalan que un muchacho, generalmente a los 14 o 15 años de edad, ya se halla listo para ser hombre
2. El primer rito es la circuncisión. La realiza un especialista del poblado a varios muchachos a la vez. La circuncisión marca el comienzo de un periodo inolvidable para los **kalenjin**.
3. Acto seguido, pasarán un mes aproximadamente viviendo en una cabaña, alejada del poblado en medio del bosque bajo la instrucción y supervisión de los varones adultos y expertos de la comunidad.
4. Durante este tiempo se inician en el arte de la supervivencia: lucha, caza, refugio, así como en las pautas del comportamiento adulto.
5. Finalizado el periodo de aprendizaje, el regreso de los muchachos es motivo de fiesta generalizada: ya son hombres. Las madres exclaman: «Mi hijo se marchó siendo niño y vuelve como hombre».
6. Por tanto, se lleva a cabo una ceremonia de "investidura" para la edad adulta. Luego sigue una fiesta familiar independiente para cada cual.
7. A partir de ahí, todos consideran a estos jóvenes como miembros del grupo adulto. De hecho, se van de casa para vivir independientemente con sus hermanos mayores hasta el momento en que se casen.

Las diferencias en estatura o peso se deben a...

LA HERENCIA

El crecimiento óseo y de la masa corporal viene, en buena parte, determinado por los **genes.** Existe una clara y directa correlación entre la estatura y el peso de los padres y los de sus hijos.

LA ALIMENTACIÓN

Una dieta con suficiente aporte de **proteínas, calcio** y **vitaminas** actúa como agente directo en el desarrollo óseo y permite alcanzar a cada cual la **estatura máxima,** dentro de los límites que la herencia determina (ver el cuadro de la pág. 24).

LA ACTIVIDAD

El ejercicio físico intenso acrecienta el desarrollo. Esto es cierto especialmente en lo que concierne a los músculos.

Los jóvenes que **utilizan plenamente la musculatura** en el trabajo o el deporte, alcanzan proporciones mayores que los que tan solo la utilizan de modo parcial.

LA OSIFICACIÓN

En virtud de la osificación, el tejido óseo madura y desplaza al cartilaginoso. Este proceso es progresivo y determina la edad ósea de cada persona. La **edad ósea** y la **cronológica** deben ir parejas. Los desajustes entre ambas pueden detener el crecimiento o aumentarlo demasiado. Este desequilibrio puede ser tratado, y requiere atención médica.

EL SEXO

Las **muchachas** experimentan un gran aumento de peso entre los **11** y los **14 años.** En los **varones,** en cambio suele producirse unos **dos años más tarde** como promedio.

EL RELOJ BIOLÓGICO INDIVIDUAL

El comienzo, duración y final del crecimiento de toda índole viene determinado por un mecanismo biológico gobernado por el cerebro que marca los momentos exactos del desarrollo. Las **diferencias** son **bastante grandes.**

Por ello, a menudo, vemos niños de la misma edad que varían en peso y en altura, sobrepasándose unos a otros varias veces durante los años del crecimiento.

viene de la página 20

fácil que en el pasado, sino que también acentúa las diferencias generacionales.

Cambios fisiológicos

Además de la influencia de la sociedad y la cultura, la adolescencia, más que ninguna otra etapa de la vida, va acompañada de una serie de cambios fisiológicos que afectan a la vida de los jovencitos de ambos sexos, no solamente en lo físico, sino también en lo psicológico.

El crecimiento

Durante los años previos a la adolescencia, la estatura de los niños aumenta a un ritmo de unos 5 centímetros anuales.

Sin embargo, al alcanzar la edad aproximada de 12 años, las niñas, y de 14, los niños, el ritmo de crecimiento alcanza los 8-9 centímetros por año.

Este acelerado desarrollo sin precedentes, continúa durante los cuatro o cinco años siguientes. Es lo que muchos llaman **"el estirón".**

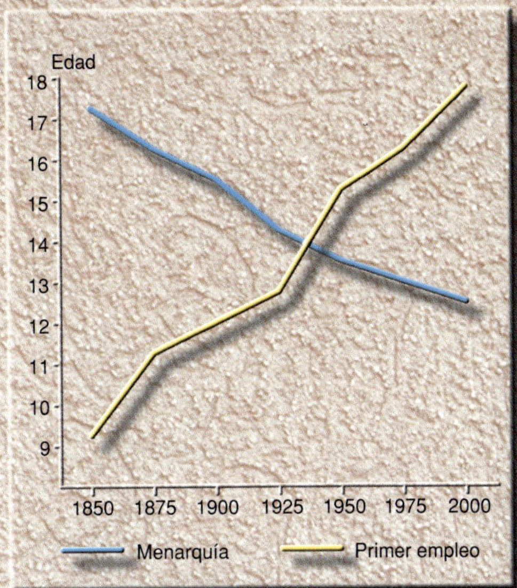

LA MENARQUÍA SE ADELANTA
EL PRIMER EMPLEO SE RETRASA

En los últimos 150 años, la edad de la menarquía (primera regla) en las muchachas, al igual que el inicio de la pubertad en los varones, ha ido adelantándose en Occidente. Sin embargo, la edad promedio de consecución del primer empleo ha sufrido un considerable retroceso, como se puede observar en el gráfico. La naturaleza anuncia el estado adulto, pero la situación social obliga a posponerlo. Este fenómeno ha hecho que la adolescencia se extienda en ambos extremos... y que las presiones propias de la adolescencia se prolonguen, e incluso aumenten.

El desarrollo continúa así durante unos años más hasta alcanzar el máximo a la edad aproximada de 21 años para los varones y de 17 para las mujeres.

¿Cuál es el motor de esta conmoción?

La **hipófisis** (la glándula endocrina de mayor rango en el cuerpo humano) comienza a segregar las correspondientes **hormonas del crecimiento**.

Además la hipófisis envía mensajes a otras glándulas de diferente localización que, por su parte, vierten más hormonas en el flujo sanguíneo. Esta extraordinaria actividad interna es la que facilita el desarrollo equilibrado del adolescente.

Todas estas variaciones apuntan a la **naturaleza fisiológica** de la adolescencia que, al mismo tiempo, está ligada a aspectos de la **psicología** del adolescente que tratamos más adelante.

¿Cuáles son las variables que determinan las diferencias entre adolescentes? ¿Por qué ciertos niños crecen más y otros menos?

En el cuadro de la página 22 podemos observar las principales variables que afectan al proceso de crecimiento.

Aunque la herencia o los procesos biológicos no pueden modificarse, otras variables, como **la alimentación y la actividad**, sí son susceptibles de ser controladas y deben recibir atención, ya que también pueden afectar al crecimiento de los jóvenes.

Caracteres sexuales primarios

Los órganos genitales constituyen los caracteres sexuales primarios. Y es precisamente la adolescencia el periodo en el que alcanzan su **pleno desarrollo.**

Estos cambios anatómicos tienen **implicaciones psicológicas** de relevancia.

Por ejemplo, los muchachos empiezan a cambiar el concepto de sí mismos al ver

continúa en la página 25

Necesidades nutritivas
durante la adolescencia

Dos hechos fisiológicos hacen de la adolescencia una **época especial** en cuanto a necesidades nutritivas: el **crecimiento corporal** y la **maduración sexual.**

Los siguientes aspectos de la nutrición de los adolescentes merecen una atenta consideración:

- **Calorías:** Entre los 13 y 19 años se necesita ingerir **más calorías** que en cualquier otra etapa de la vida. Esto es válido tanto para los muchachos como para las muchachas. Así pues, no se debe disminuir la ingestión de alimentos energéticos (ricos en calorías), salvo por razones médicas.
- **Proteínas:** La Comisión Europea recomienda para los adolescentes entre **0,8 y 1 g** de proteínas **por cada kilo** de peso, algo más que para los adultos (0,75 g por kilo de peso).
- **Minerales:** Durante la época de crecimiento aumentan las necesidades de **calcio, hierro, cinc y magnesio.** Las muchachas necesitan 15 mg diarios de hierro, un 50% más que los varones (10 mg).
- **Vitaminas:** Aumentan las necesidades de las vitaminas **B_1 y B_2** y de **niacina.**

Una alimentación basada en bocadillos, hamburguesas, dulces y pastelitos, no satisface las necesidades nutritivas de los adolescentes. Sí que lo hacen los cereales, las legumbres y los frutos secos, además de la fruta fresca, las verduras y hortalizas, y los productos lácteos.

Para un conocimiento serio y completo de los principios de la alimentación saludable en todas las edades, recomendamos la obra del doctor Pamplona '¡Disfrútalo!', incluida en esta misma serie Nuevo Estilo de Vida, y que se halla disponible en español, árabe, checo, eslovaco, francés, inglés y rumano.

«Ya eres toda una mujer.» El advenimiento de la primera menstruación debiera ser un motivo de celebración por el comienzo de una nueva etapa. Sin embargo, debido a concepciones ancestrales que asociaban menstruación con suciedad y malestares, en ciertos lugares todavía hay jovencitas que viven este momento como una experiencia de ansiedad.

viene de la página 23

cómo sus órganos sexuales se van transformando de modo evidente.

Por su parte, las niñas, aunque de forma diferente que los muchachos, experimentan, y observan, las evidencias de su propia madurez fisiológica, sobre todo con la llegada de la **menarquía** o primera menstruación.

El advenimiento de esta primera menstruación debiera ser un motivo de celebración por el comienzo de una nueva etapa. Sin embargo, debido a concepciones ancestrales erróneas, que asociaban la menstruación con suciedad y con malestares, algunas muchachas viven este momento como una experiencia de ansiedad.

Los padres –el padre y la madre– son los mejores agentes para administrar la información correcta a este respecto (sobre la educación sexual se trata en el capítulo 7, especialmente págs. 158, 162-164).

Caracteres sexuales secundarios

Pero aún más que los caracteres sexuales primarios, los secundarios (ver el cuadro de la página siguiente) ejercen gran influencia en el **desarrollo psicológico** adolescente.

En efecto, se trata de aspectos más visibles y, por tanto, con más **relevancia social** que los propios órganos genitales.

Por ejemplo, en el caso de los muchachos, la aparición de la barba o el cambio de voz son claros exponentes de su virilidad.

De igual manera, el desarrollo de los senos o el redondeamiento de las caderas en la muchacha, harán que se sienta más mujer.

La psicología del adolescente

No quisiéramos caer en el error de **estereotipar** al adolescente.

CARACTERES SEXUALES SECUNDARIOS

MUJER	VARÓN
▪ senos	▪ vello pubiano
▪ vello pubiano	▪ vello axilar
▪ vello axilar	▪ vello facial
▪ ensanchamiento de caderas	▪ cambios en la voz
▪ cambios en la voz	▪ cambios en la piel
▪ cambios en la piel	▪ ensanchamiento de hombros

Entre los 11 y los 16 años (con grandes variaciones dentro de la normalidad) aparecen los caracteres sexuales secundarios. Estos cambios tienen una importancia básica en el desarrollo psicológico del adolescente. Después de todo, son los cambios que mejor pueden observarse.

Muchos jóvenes no pasan por crisis alguna y no sufren cambios psicológicos aparentes. A otros, les afecta solamente un aspecto aislado.

Sin embargo, existen actitudes y conductas que parecen generalizarse a esta edad.

Sirva la siguiente lista como muestra general de **rasgos** que pueden encontrarse con más facilidad en esta etapa que en otras.

- **Idealismo.** El adolescente tiende a fijarse ideales y considerarlos de ***suma importancia.*** Ya sea salvar a las ballenas, evitar una agresión militar o liberar a un rehén; si ese es su ideal, luchará por él con todas sus fuerzas y entusiasmo.
- **Cuestionamiento de la autoridad.** El sometimiento a la autoridad paterna, escolar o social que ha estado presente durante la niñez, tiende a desaparecer. En su lugar, se nos presenta un muchacho o una jovencita que cuestiona las costumbres, las tradiciones y las normas. Desea ser independiente. Y aun cuando no pueda independizarse en un sentido material, tiende a hacerlo mediante su **distanciamiento.**
- **Desconfianza hacia el mundo adulto.** Así como la confianza que deposita en su grupo de amigos y amigas es casi incondicional, los padres, profesores y otros miembros del mundo adulto le resultan sospechosos. Con frecuencia, las preguntas inocentes de un padre, una madre o un hermano mayor, las interpreta como si fuesen un interrogatorio o tuviesen segundas intenciones.
- **Creatividad y alegría.** En el contexto adecuado el adolescente puede producir ideas o productos llenos de novedad. En el arte, en el juego, en las tareas académicas o en las relaciones amistosas, los muchachos y muchachas a esta edad cuentan con recursos insospechados.

  Además, con la salvedad de momentos aislados de tristeza o preocupación, el adolescente rebosa de **buen humor**

«Tu cabeza puede alumbrar grandes ideas.» Todavía no estandarizado por los convencionalismos sociales, y con todo un mundo por conocer, el adolescente es particularmente creativo.

cuando se encuentra entre quienes lo comprenden y apoyan.

- **Energía.** Las nuevas dotaciones fisiológicas de hombre y mujer confieren al joven la energía suficiente para realizar sus tareas sin fatiga aparente.
  A veces, sin embargo, los adolescentes parecen no tener energía alguna; pero esto suele ocurrir a la hora de hacer cosas que ellos no han escogido.
- **Conformidad con el grupo.** Si observamos a los colegiales de secundaria, comprobaremos que, con pequeñas variaciones, los colores y estilos de su **ropa** son los mismos. Los **peinados** son muy parecidos. Las **conversaciones** de diversos grupos giran alrededor de los mismos temas. Aunque el adolescente no se conforme a la sociedad, se conforma al grupo.
- **Sensibilidad a la autoestima.** Los comentarios, miradas o silencios de los demás, transmiten de continuo **mensajes** hacia el muchacho o muchacha en cuestión. De esta manera, la autoestima va modificándose. La tendencia general (aún más acentuada en el sexo femenino) es la de desarrollar una autoestima **débil** con las correspondientes consecuencias en la conducta. Pasada la etapa, esta suele restablecerse al nivel apropiado.
- **Inseguridad y necesidad de apoyo.** Aunque el adolescente puede dar la impresión de contar con la autonomía suficiente para afrontar las dificultades de la vida, es **consciente** de sus **limitaciones, pues a menudo se siente confuso e inseguro.** En el fondo, está **abierto a la ayuda** de sus padres y otros adultos de su entorno.

Los desafíos de esta etapa

Los años de la adolescencia pueden resultar duros para muchos jóvenes.

El encuentro con la pubertad entre los 11 y los 13 años trae consigo una **vulnerabilidad** especial que, según especialistas como ***Uri Bronfenbrenner***, hace de estos años los más críticos para la **salud mental** posterior.

Después de la pubertad, los jóvenes encuentran una larga serie de **obstáculos** que han de superar para continuar avanzando con éxito en la vida.

Los retos que el adolescente tiene que afrontar son muchos y varían de una cultura a otra. ***Robert Havighurst*** propone la lista de desafíos que presentamos en el cuadro de la página 30.

Ni aun el molesto recurso al aparato dental, entre otras preocupaciones estéticas, empaña el creciente afán por divertirse que caracteriza al adolescente. No menos que la incertidumbre, la alegría es paradigmática en esta fase vital.

Para comprender y ayudar al adolescente

Ante tantas y tan variadas situaciones y actividades que los adolescentes tienen que encarar, los padres se preguntan:

¿Cómo podemos comprenderlos, y así apoyarlos y prestarles ayuda?

En realidad, no resulta tarea fácil, pero en condiciones normales es perfectamente posible salir airoso de esta singular etapa.

Quizá la ***mayor*** **necesidad** de padres y adultos sea **conocer *de antemano*** la **psicología del adolescente**.

Cuando un padre o una madre entiende las razones de la conducta de su hijo o su hija, puede proporcionale una ayuda mucho más positiva.

No hay que extrañarse –ni hacérselo notar–, de que el hijo no sea ya el niño agradecido y dócil de antes. O si se torna independiente y aparentemente seguro de sí mismo. O si deja de ser comunicativo. Estos son algunos de los cambios **normales** en la personalidad del adolescente.

Consecuentemente, los padres necesitan ***cambiar*** las técnicas de **disciplina**, sobre todo si han mantenido una línea autoritaria. Es hora de hablar razonando y, sobre todo, de **escuchar.** Es hora de ***llegar a* acuerdos,** de ir concediendo libertades poco a poco. De ser humildes, evitando creerse infalibles. Y de expresar a sus hijos adolescentes un **amor** sincero, genuino y desinteresado, que ***«no es rudo, no busca lo suyo, no se irrita, no guarda rencor»,*** como dice San Pablo en su primera Carta a los Corintios (13: 5).

Este amor genuino, que no es meramente sentimental, es el verdadero fundamento de un ***nuevo estilo de vida*** en las relaciones entre jóvenes y adultos.

Lo dicho no implica dejarles hacer lo que ellos quieran cuando no sea correcto, pues eso supondría una falta de responsabilidad paterna.

Se trata de **delimitar *explícita y claramente*** lo que se espera del adolescente. Por ejemplo, que dé prioridad a sus deberes escolares, que se ocupe de alguna tarea doméstica, que hable y trate con amabilidad y cortesía a los demás miembros de la familia, que no llegue a casa más tarde de la hora acordada...

Cada familia tiene **expectativas** diferentes. En cualquier caso las **normas** de convivencia y conducta establecidas tienen que ser ***pocas, claras*** y respetadas.

Desde el principio, lo primero es comunicarse. Hay muy pocas cosas más importantes que crear durante la niñez un ambiente de diálogo entre padres e hijos. Si no se han levantando barreras innecesarias, cuando lleguen los difíciles años de la pubertad y la turbulenta etapa de la adolescencia, resultará posible tender puentes que superen la brecha generacional.

A partir de ahí, el adolescente tiene que contar con **libertad** de acción.

Para mantener una buena relación con el adolescente es **imprescindible** establecer una ***auténtica*** **amistad**.

El adolescente con frecuencia rechaza el consejo de un padre o una madre, pero escucha a un amigo. Esto es algo que debe entenderse y ponerse en práctica lo antes posible.

Los resultados más satisfactorios se obtienen en los casos en que la amistad se ha fraguado en la niñez.

No hay que escatimar en tiempo y en esfuerzo para hacer actividades juntos (deportes, salidas, etc.) que ayudan a profundizar en la amistad.

El adolescente tiene necesidad de apoyo en cuanto al **concepto de sí mismo**. Esto es especialmente cierto durante los primeros años de la adolescencia (11-15 años).

A esta edad los muchachos y las muchachas suelen tener una **autoestima pobre**. Dudan de su capacidad, de su atractivo, de sus cualidades morales, y tienden a considerarse inferiores a sus amigos y compañeros.

Las palabras de **aliento,** de **aprecio** y de **reconocimiento** por parte de los padres, ejercen un efecto benigno frente a este problema.

Por lo demás, si algo detesta el adolescente es una actitud no suficientemente sincera o inconsecuente. Los padres deben intentar ser justos y honestos, y que su conducta sea coherente con sus ideas. Los mu-

continúa en la página 31

LOS RETOS DE LA ADOLESCENCIA

Todo adolescente necesita...

Aunque los desafíos de la adolescencia varían en cada caso individual y según las culturas, se pueden enumerar los retos generales para las sociedades occidentales, válidos en la mayoría de los casos con las correspondientes adaptaciones. En este cuadro presentamos la propuesta por el prestigioso psicólogo del desarrollo Robert Havighurst.

1. Adaptarse a su nueva imagen. Los cambios en la apariencia son significativos. Esto hace que, cuando el adolescente se mire al espejo, encuentre una persona **que está cambiando,** a la que ha de **acostumbrarse** progresivamente.

2. Ajustarse a su nueva capacidad mental. Cada día se añaden nuevas destrezas intelectuales que van perfeccionándose por la influencia del ambiente y el acceso al mundo adulto. El adolescente empieza a **analizar** los hechos de una manera **más abstracta y más madura.**

3. Hacer frente a las crecientes exigencias escolares. Los planes de estudio introducen a esta edad **conceptos** cada vez más **complejos,** partiendo del supuesto de que el adolescente está ya preparado para asimilarlos. Además, los profesores esperan del adolescente mayor **profundidad y madurez** en el análisis y exposición de las materias.

4. Avanzar en su repertorio verbal. La madurez intelectual no siempre va acompañada de un buen nivel de expresión. El adolescente tiene que adquirir un léxico personalmente elaborado para **traducir su pensamiento** más maduro en lenguaje.

5. Adquirir una identidad personal. El adolescente no está satisfecho con una identidad fusionada a la familia, ahora necesita **afirmar su individualidad.** Es el momento en que tendrá que decidirse sobre "**Quién soy**" y "**Qué camino voy a tomar**" en el futuro.

6. Establecer metas vocacionales. En la mente del adolescente debe ir perfilándose la imagen del tipo de profesión deseada. Esto determinará la elección de una línea de estudios o de aprendizaje profesional. A su vez, esta línea tiene que ser lo suficientemente flexible para adaptarse a las ofertas disponibles de empleo.

7. Afirmar su independencia respecto a los padres. Aunque la independencia material no se realice hasta más tarde, el adolescente necesita plantearse la independencia **emocional y psicológica** de los padres. Con frecuencia esto trae consigo contrastes paterno-filiales en los puntos de vista, en los juicios morales y en las conductas.

8. Establecer relaciones amistosas sanas. El papel del **grupo** en el adolescente es **básico.** Por ello es necesario que el muchacho se integre en él, sin seguirlo a ciegas pero relacionándose adecuadamente. También ha de acostumbrarse al trato natural con los miembros del sexo opuesto.

9. Aprender a controlar la sexualidad. Con el advenimiento de la maduración sexual, el adolescente ha de tomar una serie de decisiones importantes, en relación con su propia conducta sexual. La actividad sexual se halla condicionada por aspectos culturales, morales, sanitarios, y otros, por lo que tiene que ser ejercida con responsabilidad completa.

10. Adoptar un estilo de vida correcto. Las enseñanzas recibidas de los padres en cuanto a lo que es bueno o malo, importante o secundario, son ahora un punto de partida, pero no resultan suficientes. El adolescente ha de **fundamentar** en principios firmes y seguros **sus propios valores,** sean estos sociales, espirituales o éticos, e ir adquiriendo un **nuevo estilo de vida** de **persona adulta** y responsable.

11. Controlar sus impulsos y ejercer madurez de conducta. Tiene que adquirir capacidad para gobernar su impulsividad y postergar las recompensas. Se trata de una transición difícil para algunos que despliegan conductas agresivas o socialmente inaceptables. Pero estas, en última instancia, es necesario ponerlas bajo control.

viene de la página 29

chachos y muchachas cierran los oídos al consejo y abren los ojos al **ejemplo**.

Por último, los padres han de ejercer el **control** necesario sobre sus hijos, siempre acompañado del **apoyo emocional** incondicional.

El adolescente necesita el control porque siente que le proporciona **seguridad,** pero ese control tiene que provenir de unos padres que quieran sinceramente al muchacho o a la jovencita, y estén dispuestos a prestarles su ayuda aun cuando su hijo o hija no sean "perfectos".

Si los padres han conseguido que sus hijos les tengan suficiente confianza como para que el diálogo entre las dos partes sea franco y sincero, la comprensión y la tolerancia mutuas se conseguirán de forma completamente natural y positiva para ambas partes.

Para entenderse con los adultos

Como hemos comentado en el apartado anterior, ciertamente la adolescencia es compleja, debido a lo cual los mayores, que son gente que intenta ser cabal y responsable, procuran encontrar vías de apoyo y de colaboración con los jóvenes.

Y como los **adolescentes** que leen este libro también procuran ser **cabales y responsables,** es lógico que a su vez se planteen cuestiones semejantes a estas:

*¿**Cómo** puedo yo conseguir un **mejor entendimiento** con mis padres, mis profesores y la gente mayor en general?*

*¿**Cuál** será la mejor forma de que **los jóvenes colaboremos** con los adultos con el fin de mejorar nuestras relaciones mutuas?*

Si para los adultos no suele resultar tarea fácil el entendimiento con los adolescentes, para estos tampoco lo es comprender y aceptar a los mayores.

A los jóvenes les cuesta comprender algunas de las actitudes de los mayores. Y es lógico que así sea, pues a las **diferencias** de **edad** se suman las que han provocado los profundos **cambios** culturales y sociales que nos está tocando vivir. Ahora bien, ***siempre*** resulta **positivo *intentar* entender** a la otra parte con la que nos toca convivir.

Es normal que tu energía juvenil te esté induciendo a pensar que necesitas, y mereces, una mayor **independencia;** pero a la vez –sinceridad ante todo– te das cuenta de que te hace falta el apoyo de tus padres y profesores. Así que, cuando reivindiques tu merecido **derecho a la libertad,** no olvides que los mayores más de una vez han sacrificado ese mismo derecho suyo por satisfacer tus necesidades, o simplemente tus gustos. Además, tu intenso sentido de la justicia, no te va a permitir que olvides que **a *todo* derecho le corresponde un deber.**

Tú esperas que tus padres te escuchen, pues tienes mucho que decir, sobre bastantes cosas. Así que, por favor, **díselo.** No esperes que lo adivinen; porque eso se presta a malentendidos. Y, ¿no te parece que si además se lo dices de modo positivo y evitando los tonos provocativos, tendrás más posibilidades de que acepten tus propuestas? Tal vez tus padres no se han dado cuenta de tu necesidad y no te están tomando en serio; pero si les pides una cita para **hablar *con toda seriedad*** con ellos de tus problemas, sin duda que te van a escuchar y atender.

Tú quisieras que ***todo*** anduviera **más rápido,** de modo que tus problemas se solucionaran de inmediato, y de acuerdo con lo que tú consideras justo. Pero igual que "Zamora no se ganó en una hora" tu emancipación tampoco se puede conseguir en un día; ni convendría que así fuera, pues ***todos*** tenemos que **aprender** a administrar la **libertad.**

¿... Que no te permiten hacer todo lo que te apetece? La verdad es que los adultos a veces se ponen un poco pesados. Así que conviene que pongas en juego toda tu flexibilidad, e ***intenta*** **ponerte en su lugar.** Verás entonces como incluso cuando "se pasan", es porque quieren **ahorrarte** algunos de los **problemas** que ellos tuvieron que padecer cuando eran jóvenes, a causa de su inexperiencia o su impaciencia. Y sobre todo no olvides que su actuación, más o menos acertada, está motivada por el amor que te profesan.

Cuando tus padres te soliciten **colaboración** para las tareas domésticas, o para que cuides de un hermanito, o te recuerden que tienes que acabar tus deberes escolares, aunque no te apetezca procura colaborar con el mejor de los talantes. El primero que ganarás serás tú; puesto que, aparte de **ayudar** a quienes tanto han hecho, y hacen, por ti, estarás adquiriendo buenos hábitos de **orden y autodisciplina,** y los **conocimientos prácticos** necesarios para desenvolverte en la vida adulta.

Tu padre y tu madre intentan ser **amigos** tuyos; pero a veces no les resulta fácil; bien sea por su propio carácter, porque les cuesta comprender tus posiciones, porque no son suficientemente comunicativos... Así que no se lo pongas demasiado difícil. Es un ***privilegio*** tener un amigo o amiga de confianza, con experiencia, que te aprecia con toda sinceridad, y dispuesto a disculpar tus fallos. Inicia tú la conversación, al menos de vez en cuando.

Ya sé que tú, como todo el mundo, prefieres que todo lo que te digan sea para elogiarte. Ahora bien, **cuando** tus mayores **te corrijan o disciplinen,** aunque no lo hagan del mejor modo posible, atiende sus razones. Claro que, a veces a los mayores se les acaba la paciencia. En ciertas ocasiones, quizá su enojo con otros mayores, o bien sus problemas personales, repercutan en el trato contigo. Lo que, sin embargo, está claro es que, con errores, y con indudables aciertos, ante todo quieren tu bien. Y si no te parece justa u oportuna su actuación, pídeles, cuando ya la tormenta haya pasado, con humildad, pero con firmeza, que te den explicaciones. Casi seguro que intentarán dártelas. Y, entonces, si no comprendes sus razones, sé al menos tú **razonable y comprensivo... intenta disculparles sus fallos.**

Los mayores también tienen sus problemas, algunos realmente graves. Ellos también necesitan tu comprensión, tu apoyo y, sobre todo, tu **cariño.** Así que, aunque eso te parezca cosa de niños, dales de vez en cuando un abrazo, un beso, y diles unas sencillas pero sinceras frases de gratitud y reconocimiento.

EL CONSEJO DEL PSICÓLOGO

"Mi hijo tiene granos y espinillas"

Mi hijo tiene 15 años. Está bastante preocupado con los granos y las espinillas, al igual que sus primos que padecen acné... ¿Qué puede hacerse para evitar este problema?

Existen diversos mitos en torno a los orígenes del acné. Entre otras cosas, se ha dicho que el acné viene por la masturbación, por decir mentiras o por tener pensamientos lascivos. La explicación médica del acné es que se presenta por un exceso de producción de andrógenos, aparte de existir una propensión genética a padecerlo.

Por otra parte, y a pesar de que las investigaciones médicas no han logrado demostrar claramente una relación entre la alimentación y el acné, lo cierto es que un cambio de régimen alimentario ha logrado notables resultados en muchos casos. Los embutidos y la grasa de cerdo, el chocolate, los pasteles y los alimentos muy ricos en azúcar favorecen la aparición de granos de acné. La alimentación más conveniente es la vegetariana, con abundantes ensaladas crudas y frutas frescas (véase cuadro sobre necesidades nutritivas, pág. 24).

Como el caso de su hijo parece leve, ayúdelo a entender que es un fenómeno que va asociado con la edad y que desaparece con el crecimiento. Anímelo a que se lave la cara frecuentemente con jabón neutro o con alguna fórmula farmacéutica. Y, sobre todo, no diga nada que pueda parecer que lo hace a él responsable de sus granos. El estrés y la culpa derivados de estas afirmaciones sí son capaces de acentuar aún más el problema.

Y si los síntomas se complican, no dude en consultar al dermatólogo. El acné puede curarse. Hoy existen tratamientos eficaces incluso para los casos graves, como se puede ver en la página 135 del tomo 4 de la 'Enciclopedia salud y educación para la familia' (ver nota pág. 14).

2

Los estudios y el futuro

GABRIEL es un joven abogado que trabaja en una asesoría jurídica. Recuerda sus años adolescentes, cuando estudiaba secundaria. Hasta que tuvo 16 años había sido un alumno brillante. Nunca había suspendido ninguna asignatura. Estudiaba regularmente, lo entendía todo..., incluso en la escuela lo ponían como ejemplo para los demás alumnos. Nos cuenta que aquel curso académico en el que iba a cumplir 16 años, las cosas cambiaron sin saber por qué. No podía concentrarse en el estudio, le faltaba energía, el interés previo se desvaneció por completo.

«Por primera vez en mi vida llevé suspensos a casa. Mis padres estaban desorientados. Intentaron animarme a seguir la línea de éxito del pasado. Pero las cosas no se arreglaron. Aún hoy no entiendo la razón de todo lo que ocurrió, pero la realidad es que fueron pasando los meses y cada vez aborrecía más las asignaturas, la escuela, los profesores y todo lo que tuviese que ver con los estudios. En casa empezaron a pensar que todo estaba relacionado con la droga, pero lo cierto es que nunca la probé.

**¡Estudia!
No para saber
una cosa más, sino
para saberla mejor.**

SÉNECA
Filósofo y político latino
3 a.C. - 65 d.C.

**El hombre ha nacido
para el trabajo,
como el pájaro
para el vuelo.**

MARTÍN LUTERO
Teólogo y reformador cristiano
1483-1546

«Y mañana, ¿qué seré?» Un mar de dudas surge a la vista del adolescente que se plantea sus perspectivas de futuro. Para despejarlas, la formación y la orientación de sus mayores serán una contribución decisiva.

»Recuerdo el día en que le dije a mi padre que quería abandonar los estudios por completo y ponerme a trabajar de lo que fuese. Me sorprendió su actitud. Yo esperaba una reacción tremenda, pero no pareció inmutarse. Tan solo se limitó a decir: "Quizá sea eso lo que más te convenga".

»Trabajé en reparto de pizzas, encuestas domiciliarias, venta de artículos domésticos, limpieza de oficinas y otros empleos sin cualificar. Todo era temporal, y ganaba lo mínimo, pero mis amigos, que seguían estudiando, admiraban mi situación. Me veían libre de clases, de tareas escolares, de exámenes... y con más dinero que ellos.

»Y así pasaron dos años. Entonces fue cuando me empecé a cansar. Por orgullo no lo manifestaba claramente en casa, pero finalmente tuve que confesar que prefería estudiar. Creo que maduré lo suficiente para darme cuenta por mí mismo de que, al fin y al cabo, tenía cierto grado de ambición y me resistía al estancamiento profesional. Al final, volví a los estudios con el deseo de triunfar, y ahora estoy satisfecho porque las cosas no me fueron mal. A pesar de todo, cuando muchos de mis amigos empezaban la carrera, a mí me quedaban tres años de estudios secundarios.

»A veces pienso que habría sido mucho mejor tener cerca a alguien con influencia para disuadirme de aquel error. Pero tal vez ese periodo no fue tiempo perdido. Después de todo, me estaba buscando a mí mismo, quería clarificar mi futuro, y la decisión no podía ser de mis padres o profesores, sino mía.»

Los problemas escolares de la adolescencia

Como muchos otros muchachos y muchachas, Gabriel manifestó los problemas de la adolescencia en los estudios y en la elección de su carrera. No es raro ver descensos importantes en el rendimiento escolar, cambios en las preferencias, o deseos de abandonar los estudios. Los problemas académicos suelen estar entre los principales motivos de preocupación de los padres. Y por consiguiente, son una de las causas de enfrentamiento entre padres e hijos.

¿Por qué se acentúan los problemas académicos a esta edad?

Existen razones de tipo individual que tienen que ver con situaciones adversas en las familias, en la escuela o limitaciones personales. Sin embargo, las que afectan a la mayoría de los muchachos y muchachas están relacionadas con las dificultades propias de la adolescencia.

- Es frecuente la **pérdida de interés** por los **estudios**. El adolescente parece despertar a una nueva serie de posibilidades. Quiere manifestarse seguro e independiente, y con la oportunidad de vivir sensaciones mucho más interesantes que los estudios. Por ello, el foco de atención se dirige a otros intereses: sexo opuesto, motocicletas, discotecas, ropa, música... e incluso drogas y delincuencia.

- Otras veces, el adolescente fracasa en lo académico en un intento por **llamar la atención de sus padres**, lo cual puede deberse a la necesidad inconsciente de apoyo. El adolescente sabe que, al traer suspensos a casa, los padres van a preocuparse por él, hablar con él, e incluso castigarlo. Y de cualquier modo, será el centro de atención familiar por unos días. Otras veces esta llamada de atención responde a una especie de venganza por las insatisfacciones familiares. Se siente frustrado por el trato que sus padres le dan o por circunstancias en casa, y "castiga" a sus padres con los suspensos.
- La **pérdida de autoestima** es otro problema común en el adolescente (sobre todo en las muchachas) que puede motivar el fracaso escolar. El concepto de uno mismo es extremadamente sensible en la adolescencia. Un comentario de un profesor por cualquier fallo u error, unas palabras de indiferencia por la ropa que lleva, las risas de unos compañeros, o hasta una mirada sin intención alguna, pueden interpretarse como si estuviesen diciendo: «Tienes un aspecto desagradable», «Eres poco inteligente», «No sabes hacer nada», «No vas a aprobar esta asignatura»... Y, finalmente, el adolescente acaba conformándose a los mensajes que recibe.
- La **presión del grupo**, tan fuerte a esta edad, también puede constituir un factor de fracaso escolar. Pensemos en el muchacho o la jovencita de 14 años a quien lo que más le importa en el mundo es que lo acepten sus amigos, que lo respeten y que lo escuchen. Si resulta impopular sacar buenas calificaciones, como muchas veces ocurre, el adolescente no tendrá problemas en relajarse en lo académico para ser como sus compañeros.
- Los adolescentes también pueden tener problemas académicos por **inmadurez** en el **desarrollo intelectual**. En efecto, con la pubertad, sobrevienen una serie de variaciones hormonales que afectan a distintos aspectos del desarrollo. Uno de ellos es el intelectual. Y como ocurre en cualquier otro aspecto del desarrollo, existen notables diferencias individuales. Esto significa que, mientras unos alumnos se hallan preparados para entender la complejidad de ciertas asignaturas "difíciles", otros no han alcanzado la madurez intelectual aún. El resultado es el fracaso escolar. De ahí que lo prudente sea no extraer conclusiones definitivas a esta edad, sino tener paciencia hasta lograr el equilibrio que se alcanza con la evolución natural de la vida.
- Por último, la complejidad de los estudios secundarios alcanza un nivel en el que se requieren **técnicas de estudio**. Mientras que los más capaces las descubren por su cuenta, o crean sus propios métodos de estudio, muchos otros no llegan nunca a aprender a estudiar. Por la importancia de las técnicas de estudio para alcanzar el éxito escolar, bosquejamos a continuación las más útiles en las necesidades académicas de los adolescentes.

Las técnicas de estudio

Mario, alumno del curso preuniversitario, estudia dos horas diarias y obtiene notas excelentes. Su compañero Daniel, dotado de una capacidad similar, estudia intensamente durante casi cuatro horas todos los días, y en cambio no llega a alcanzar resultados tan buenos como Mario. La diferencia radica en que aplican distintos método de estudio.

Aunque un buen aprendizaje de las técnicas de estudio requiera más extensión de la que podemos dedicar aquí, resumimos algunos consejos que resultarán útiles para estudiar mejor.

continúa en la página 40

EL CONSEJO DEL PSICÓLOGO

"Los profesores le tienen manía"

Recientemente nos hemos mudado y nuestro hijo de 16 años ha empezado a ir a otro centro educativo. Con el cambio, sus notas han empeorado. Hablando con el muchacho me he enterado de que cuando hace preguntas a los profesores, le responden con evasivas. Además, comparando sus exámenes con los de otros de su clase, dice que los profesores son más duros con él que con los demás. Mi esposa y yo estamos planteándonos cambiarlo de centro una vez más. ¿Es esto lo mejor?

Antes de cambiarlo de centro, es necesario que conozcan detalladamente y por diversas fuentes el problema real. Parece obvio que solo tienen la versión de su hijo. Y lejos de pensar que el muchacho mienta, han de reconocer que hay otras perspectivas. Por ejemplo, la de los profesores.

Mis recomendaciones serían estas:

- **Hable inmediatamente con su profesor-tutor.** No adopte una actitud de recriminación. Escúchelo primero y muéstrele su deseo de que el muchacho progrese. No resalte las posibles contradicciones entre lo que él dice y lo que cuenta el muchacho.
- **Muéstrese dispuesto a colaborar en lo que esté en sus manos.** No vaya con la idea preconcebida de que el problema es cosa del centro educativo y son ellos los que deben resolverlo. Pídale consejo al profesor: «¿Cómo cree usted que puedo ayudarlo?» «¿Cómo puedo motivarlo a que estudie?» «¿Cuáles cree usted que son los obstáculos?»
- **Sea sincero en cuanto a las circunstancias familiares.** Puede que su familia en general esté aún afectada por la mudanza y la adaptación al nuevo domicilio. Identifique el origen real de los problemas.
- **Extraiga unas líneas de acción de su entrevista con el tutor.** Por ejemplo, un plan personal de estudio, o el repaso de lecciones previas, o la necesidad de una mejor comunicación y convivencia en la familia.
- **Involucre a su hijo en estas líneas de acción.** Quizá sería muy útil una segunda reunión en presencia de su hijo, y en la que se dialogue abiertamente, como entre adultos, para establecer las pautas a seguir.
- **Confíe en que en el centro académico harán su parte en la solución del problema.** Y en lo que a usted respecta, haga la suya. Con un poco de paciencia, las cosas alcanzarán una situación incluso mejor que la anterior al cambio de centro escolar.

"Mi hija puede ser la mejor"

Estoy segura de que mi hija de 15 años tiene capacidad de sobra para sacar las mejores notas de su clase. Sin embargo, lo que antes eran sobresalientes ahora son notables, y alguna vez hasta simples aprobados. A su padre y a mí esto nos irrita en gran manera. Le hemos llamado la atención por las buenas y por las malas sin resultado satisfactorio. ¿Qué hacemos ahora?

Lo primero es aprender acerca de la psicología del adolescente. Su hija, además de ser una alumna aventajada, es una mujer que está madurando en lo físico, social, intelectual y emocional. Es normal que experimente cambios en sus intereses, en su personalidad y en sus hábitos. A veces se compara la adolescencia con una tormenta que lo revuelve todo, pero pasa y llega la calma.

Entre tanto, no la regañen por traer notables. Piensen por un momento en los demás alumnos de su clase. Si algunos llevasen a casa las notas de su hija les harían un homenaje.

Con todo esto no queremos decir que le recomienden no sacar sobresalientes. Simplemente, recuerden que en la vida de una jovencita de 15 años hay cosas más importantes que la tabla periódica de elementos y la crítica de la razón pura de Kant. Y estos nuevos intereses también requieren atención por parte de los padres.

Por tanto, hablen con ella, escúchenla mostrando interés por las cosas de su mundo. Mantengan la comunicación y no disminuyan sus muestras de afecto hacia ella.

El día menos pensado volverá a traer buenas calificaciones.

El valor del dinero

Como es natural, mi hijo de 14 años no trabaja, pero necesita algo de dinero. Creo que se está acostumbrando a gastar sin control. No es que le demos mucho en casa, pero tengo dudas de si mañana será capaz de administrar su propio dinero con juicio. ¿Cómo puedo ayudarlo?

No es recomendable dar a los muchachos dinero porque sí. Esa es una situación que nunca se dará en su vida adulta. Sin embargo, la sociedad de consumo y la presencia de compañeros que gastan dinero es una realidad.

Por tanto, una sugerencia sería darle una asignación semanal por cumplir sus deberes familiares, como limpiar su habitación, lavar los platos, o lo que le corresponda. Si no lo hace, la asignación se reduce o desaparece. Esto se asemeja más a la vida real.

En cuanto a la administración del dinero propio, solo se aprende con la experiencia. Permítale que lo gaste, más o menos, en lo que él quiera, pero recomiéndele que si desea algo más caro, debe ahorrar hasta tener suficiente. Si usted no lo saca de sus "apuros" dándole más, pronto aprenderá que "El que algo quiere, algo le cuesta".

Estudiar puede ser un placer... **para quien sabe que está haciendo algo positivo. El estudiante tiene que mentalizarse de que su esfuerzo le brinda conocimiento, favorece su autodisciplina, y le puede proporcionar una titulación académica valiosa a la hora de acceder al mercado laboral.**

viene de la página 37

La planificación. Para estudiar con éxito es necesario un análisis detallado del tiempo disponible cada día de la semana. El tiempo de estudio y de trabajo fuera del aula hay que programarlo cuidadosamente. Procurando no eliminar las actividades recreativas, que son fundamentales, hay que fijar de antemano un periodo diario de estudio. Un simple y sencillo horario, no solamente hará que cada estudiante no pierda el tiempo, sino que también lo ayudará a establecer el hábito de estudiar.

La sesión de estudio. Una vez acotado el periodo de estudio, el estudiante necesita una estructura clara de lo que tiene que ocurrir en las dos o tres horas que dure la sesión. He aquí algunas sugerencias para su máximo provecho (ver también el cuadro de la página siguiente).

- Es conveniente dejar las tareas más fáciles y agradables para el final de la sesión, comenzando con las actividades que resulten más difíciles o de dificultad media.
- Es necesario mantener una actitud positiva: el estudio y el saber traen como consecuencia un alto nivel de satisfacción personal, además de los buenos resultados en los exámenes.
- Hay que apartar pequeños momentos de descanso (unos 10 minutos) cada hora.
- La regularidad facilita la tarea. El estudio debe hacerse a la misma hora y en el mismo lugar.
- La sesión de estudio debe estar alejada de comidas y ejercicios violentos.

Las condiciones ambientales. Resulta imposible aprovechar el tiempo de estudio con la televisión a todo volumen en la habitación contigua, o con una desorganización general. Cuando el ambiente es silencioso, la temperatura agradable, la mesa de estudio ordenada, la luz suficiente, etcétera, el rendimiento será mayor.

A pesar de todo, hay jóvenes que parecen estudiar mejor con algo de música, con comida alrededor y echados en vez de sentados. Si los resultados son satisfactorios, no hay por qué atosigar al estudiante con métodos que para él, o ella, no funcionan.

El subrayado. Casi nadie cambiaría un libro subrayado personalmente por uno completamente nuevo. Al subrayar cuidadosamente los libros de texto, el estudiante mantiene su concentración, escoge lo realmente importante y prepara el camino para estudiarlo y repasarlo más fácilmente.

¿Cómo subrayar?

continúa en la página 43

Para que

LA SESIÓN DE ESTUDIO

resulte provechosa

- **Disminución de la capacidad de rendimiento.** Como la capacidad de rendimiento tiende a disminuir, debe tenerse en cuenta el **orden de las tareas** a realizar. Se considera productivo **empezar** por las actividades de **dificultad media** ("calentamiento"), **seguir** con las **más difíciles** y **terminar** con las **más placenteras** (figura 1). Para algunos alumnos, sin embargo, es mejor comenzar directamente por lo más difícil (ver los gráficos para las dos opciones). En cualquier caso, las tareas **fáciles o mecánicas** deben dejarse para el **final** (figura 2).

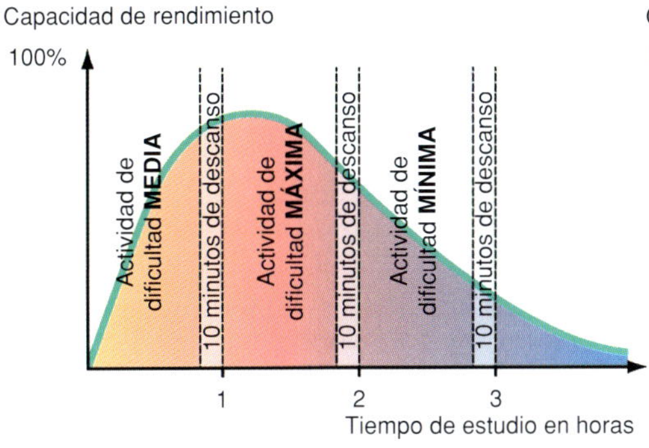

1. Comienzo con "calentamiento"

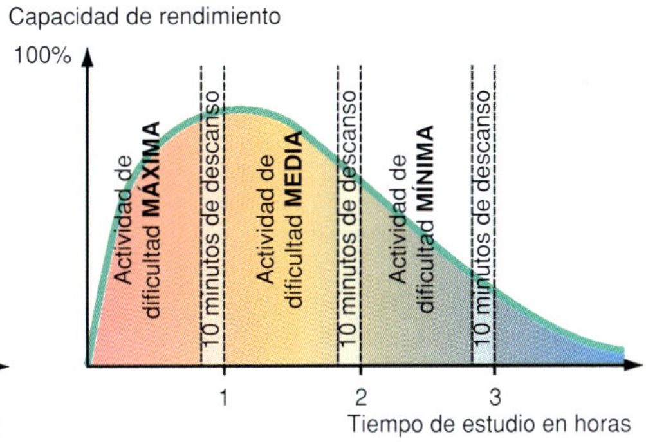

2. Empezando por lo más difícil

- **La actitud del estudiante ha de ser positiva.** Se trata de la actividad más importante en ese momento y, aun cuando requiera esfuerzo, ha de entenderse como algo beneficioso a medio plazo.
- **Descansos.** Son necesarios cada 40-60 minutos. Deben ser cortos y desvinculados del material de estudio.
- **La regularidad facilita la tarea.** El estudio que se hace todos los días y a la misma hora requiere mucho menos esfuerzo y ofrece más rendimiento que el que se realiza sin seguir un patrón fijo.
- **Relajado.** La sesión de estudio debe estar alejada de las comidas y de los momentos dedicados al ejercicio físico intenso.

El subrayado

Un buen libro de texto, pedagógico y ameno, emplea recursos como la negrita, los subtítulos, la cursiva, etcétera, para resaltar las palabras clave y las ideas más importantes. Con todo, como muestra el ejemplo, el subrayado manual sigue siendo imprescindible para que el alumno asimile, personalice y haga suyo el texto que ha de aprender.

Economía elemental

pág. 23

Capítulo 1

La curva de demanda

Una economía llamada "de libre mercado" es aquella en la cual los precios de las mercancías y las cantidades de las mismas que se lanzan al mercado, son determinados por medio de las *leyes de la oferta y la demanda.*

En este capítulo empezaremos por la ley de la demanda. La lógica y la experiencia nos indican que normalmente adquirimos un **bien** (cualquier artículo de uso o consumo perecedero o duradero) en mayor cantidad cuanto más bajo sea su precio. Por el contrario, solemos mostrarnos dispuestos a solicitar una menor cantidad del mismo bien cuanto más alto sea el precio que hemos de pagar por él. Esto se debe, entre otras razones, a que nuestros recursos son limitados.

Lo expuesto en el párrafo precedente resume de manera simple lo que entendemos por *ley de la demanda*. En general, se suele decir que cuando se incrementa el precio de un bien dado, este se demanda menos; y a la inversa, cuando disminuye el precio del citado bien, se demanda más.

A lo anterior, para ser más precisos, debe añadirse una típica cláusula o condición de la ciencia económica: la cláusula ***ceteris paribus.*** Esta quiere decir, en términos sencillos, "dejando lo demás constante", y se refiere a que para que se cumpla la ley de la demanda, suponemos que todo lo que no sea ni el precio ni la cantidad del bien en cuestión se han de mantener constantes. Si, por ejemplo, sube el precio del bien, para que se verifique a continuación el descenso de su demanda se requiere que se mantenga constante la renta de los consumidores, así como los precios de bienes relacionados con el primero, lo gustos de la gente, etcétera.

En el gráfico adjunto tenemos una representación de la demanda de un producto, en este caso el azúcar. Es lo que se conoce como la *curva de demanda.*

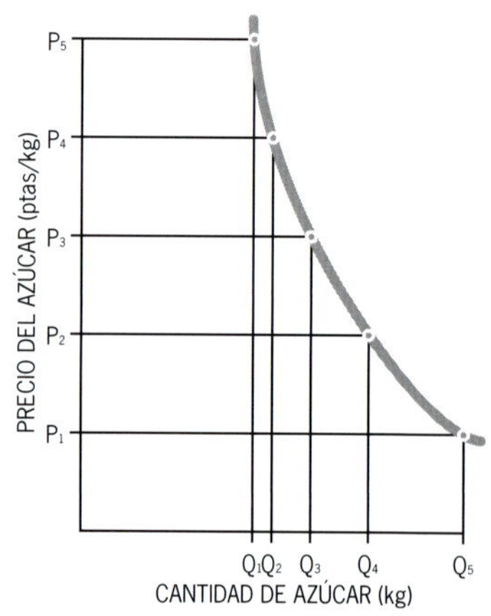

A cada precio, se demanda una determinada cantidad de azúcar, que desciende a medida que el precio aumenta, siempre que se mantengan constantes la renta de los consumidores, el precio de productos sustitutivos como la sacarina, los gustos y otros factores. Situando los precios en el eje de abscisas y las cantidades en el de ordenadas, la curva de demanda presenta su típica forma descendente.

Hay una ayuda que todos los padres pueden prestar a un hijo para que triunfe en sus estudios: la de que sienta en torno a él un ambiente de confianza y de constante apoyo emocional.

viene de la página 40

- Previamente, hacer una lectura rápida del texto.
- Empezar subrayando las ideas principales con un color determinado.
- Marcar las ideas secundarias en otro color, sin abusar del subrayado.
- Las palabras claves pueden encuadrarse.
- Los círculos, los cuadros, las flechas, los asteriscos, etcétera, son elementos avanzados del subrayado.

(Ver cuadro de la página anterior.)

El esquema. Al elaborar un esquema, el estudiante se ve obligado a comprender el contenido, extraer lo más importante y ordenarlo de una manera coherente. Los esquemas ofrecen de un vistazo todo el material de forma sintética y pueden retenerse en la memoria durante mucho más tiempo que un texto convencional. De hecho, es una herramienta indispensable para preparar exámenes.

El resumen. Hacer un resumen de una lección previamente subrayada es un buen ejercicio de redacción en el que se debe incluir solamente lo más importante. Para hacer un buen resumen es preciso subrayar y hacer un esquema (ver apartados previos). A continuación se trata de recitar en voz alta el hilo general de las ideas. Basado en este "relato" se escribe el resumen: breve, gramaticalmente completo y siguiendo el orden del esquema. Finalmente, se lee en voz alta y se hacen las últimas correcciones.

Los exámenes. En nuestra experiencia hemos encontrado alumnos que, habiendo estudiado bien, no son capaces de plasmar en el examen lo que saben. Los nervios y la falta de destreza a la hora de afrontar un examen arruinan el esfuerzo realizado. El cuadro *"Para ti"* de la página 46, ofrece algunos consejos útiles para quienes han de realizar un examen.

¿Cómo puedo ayudar a mis hijos en sus estudios?

Es necesario que destaquemos el **papel *esencial*** que los **padres** desempeñan en los estudios de sus hijos. Diversos trabajos de investigación confirman que los padres pueden llegar a ser los ***mejores y más influyentes* maestros** de sus hijos. Este factor de ayuda paterna es aún más decisivo en el éxito académico que los propios recursos económicos de la familia.

He aquí una serie de consejos que los padres pueden utilizar para favorecer el éxito escolar de sus hijos adolescentes:

- **Apoyo emocional.** Todavía más importante que la ayuda directa en las tareas escolares propiamente dichas, es el apoyo emocional. El **ánimo** y las palabras de aliento de un padre o una madre cuentan mucho en la vida de sus hijos. Aunque el adolescente no suele reconocerlo abiertamente, concede importancia a la opinión de los padres. Cuando una muchacha renuncia a ver una película porque tiene que estudiar, o un joven deja de salir con sus amigos para preparar un examen, merece la mención expresa de los padres.
- **Actitud correcta hacia los estudios.** Aunque es bien cierto que los conocimientos científicos o humanísticos académicos no son lo único necesario para desenvolverse con éxito en la vida, los adultos no deben expresarse de modo que parezca que los desprecian o rechazan. En cambio, destacar, cuando venga al caso, lo beneficioso del saber y el **respeto por los profesores**, es un buen sistema para que los adolescentes mantengan una actitud favorable hacia la formación cultural.
- **Metas elevadas.** Sin llegar a los extremos de la consulta ***"Mi hija puede ser la mejor"*** (pág. 39), los padres tienen que demostrar confianza en el rendimiento de sus hijos. Los adolescentes necesitan poseer la certeza de que alguien cree y confía en ellos. Con frecuencia desearían escuchar mensajes del tipo «Yo sé que puedes conseguirlo», «Ten paciencia y continúa intentándolo, ya verás como lo resuelves», «Has dado muestras de ser razonable e inteligente... ¡Lo conseguirás!», «Tienes una buena capacidad de trabajo y estoy convencido que puedes alcanzar lo que te propones». Si en su familia son ustedes creyentes, el sentir el apoyo de una fuerza superior puede resultar altamente motivador en los momentos de duda o inseguridad: «No te abrumes. Confía en el Señor, que él siempre se halla dispuesto a ayudarte y fortalecerte».
- **Apoyo en el estudio.** Las técnicas de estudio son lo suficientemente versátiles como para aplicarlas a cualquier asignatura o tema. Siempre que les resulte posible, los padres deben familiarizarse con ellas, y al interesarse por las tareas escolares de sus hijos, podrán sugerirles los modos más eficaces de afrontarlas. En todo caso hay que tener siempre en cuenta que cada estudiante tiene su propio estilo de aprendizaje, con frecuencia diferente al de sus padres o educadores. Por ello, no es nada bueno tratar de imponer un estilo rígido.
- **Atención a los problemas no académicos.** Es muy común comprobar que la raíz de los problemas escolares está en asuntos que tienen poco que ver con lo académico. Nos referimos, por ejemplo, a los sentimientos de inadecuación, la inseguridad, el temor al futuro, las relaciones con amigos y amigas, los conflictos en la familia, el deseo de ser como los demás, etcétera. Si los padres quieren ayudar a sus hijos en sus estudios, pueden hacerlo de modo indirecto, apoyándolos en sus problemas personales. Y esto lo conseguirán dedicando tiempo a estar con ellos, char-

«¡Tremendo!» El nivel de exigencia académica sobre el adolescente no debe desdeñarse. Tampoco la saludable contrapartida que su esfuerzo puede reportarle. En palabras del sabio Catón, «amargas son las raíces del estudio, mas los frutos son dulces».

lando con ellos, escuchándolos sin prisas y criticándolos lo menos posible. En suma, siendo **verdaderos amigos** de sus hijos.

- **Colaboración con el centro escolar.** Cuando el esfuerzo de la familia se une al de la escuela, los resultados son sorprendentes. Lo más normal es que sea la familia quien tenga que tomar la iniciativa. Al fin y al cabo, los padres tienen solo algunos hijos por los que preocuparse y el profesor tiene varias docenas. Algunos padres dan por hecho que si la escuela no dice nada, todo va bien. Pero no siempre es así. Es conveniente que los padres acudan regularmente a la escuela, se interesen por sus hijos, participen en las actividades y se ofrezcan a colaborar. Esto permite que tengan un conocimiento más completo de todos los asuntos, cuenten con una actitud más favorable de parte de los profesores, y se encuentren en una posición ventajosa para favorecer el rendimiento académico y el desarrollo personal de sus hijos (ver la consulta ***"Los profesores le tienen manía"***, pág. 38).
- **Un estilo de vida coherente.** Casi estaría de más que dijéramos que todos estos consejos que acabamos de dar surtirán sus mejores efectos en la medida que quienes los ofrezcan, padres o educadores, den ellos mismas muestra de un mínimo de autodisciplina y de orden, así como de razonable rendimiento en sus tareas cotidianas.

La relación profesor-alumno

La admiración y el respeto que siente un niño por su maestro desciende significativamente en la adolescencia. Sin embargo, la influencia que un profesor del nivel secundario puede tener sobre el alumno es enorme, aunque no lo parezca. El secreto no está tanto en su conocimiento de la asignatura, ni siquiera en su habilidad para explicarla, sino más bien en la manera en que se relaciona con los jóvenes.

En efecto, el adolescente se dejará guiar e influir por alguien que lo comprenda, que lo escuche y que, en cierta medida, sea su amigo. El principio es el mismo que en la relación paterno-filial y, por ello, establecer una relación equilibrada en la que exista una **amistad** y, al mismo tiempo, no se renuncie a los objetivos que marcan los progra-

continúa en la página 48

PARA TI

Cómo hacer un buen examen

Desde que empezaste a ir a la escuela hasta este momento llevas hechos muchos exámenes. Y es que, a pesar de las críticas que todos hacemos hacia ellos, los exámenes siguen y seguirán usándose.

Las sugerencias que aquí se ofrecen quizá te ayuden en el próximo.

La preparación para el examen

Hazte un plan de estudio. En una planilla escribe los días y las horas que faltan hasta el examen. Asigna las lecciones o temas a las sesiones de estudio disponibles. Deja un espacio generoso para repasar todo. Sé realista e incluye en el plan un poco de tiempo para descanso y actividades recreativas.

Estudia de forma activa. Los estudiantes de éxito no se sientan frente al libro para limitarse a leerlo (eso es aceptable cuando se trata de una novela). Estudia sobre esquemas y resúmenes. Utiliza papel y lápiz constantemente, subrayando ideas importantes, haciendo gráficos y ejercicios... Formúlate preguntas y busca su respuesta.

Aprende más de lo indispensable. Los grandes logros académicos solo son posibles cuando se estudia bastante por encima de los niveles mínimos. Muchas investigaciones demuestran que hasta el miedo a los exámenes se desvanece cuando el material se lleva estudiado con holgura. Después de todo, nadie se pondría a temblar si le preguntasen su nombre y dirección...; son datos demasiado conocidos como para que uno se bloquee.

Practica en condiciones similares al examen. Si el examen va a ser de una hora y sin libros, asígnate una pregunta y ponte a escribirla durante una hora como si del examen se tratase. Cuanta más práctica tengas en "simular" un examen, mejor.

Habla tú con el profesor. Empieza a estudiar con tiempo. Y cuando tengas dudas acude a tu profesor y clarifica las ideas. Esto te proporcionará ayuda práctica y demostrará al profesor que estás trabajando metódicamente. Los profesores están dispuestos a ayudar especialmente a los alumnos que muestran interés.

Aparta algo de tiempo para la recreación. Una buena planificación te permitirá trabajar razonablemente sin necesidad de alcanzar altos niveles de estrés. Para conseguirlo has de incluir en tu pro-

grama algo de ocio y relajación. Así, tu mente cansada podrá dar un suspiro.

Cuídate bien durante los días de preparación. Duerme lo suficiente, come con moderación y ejercita los músculos.

El día del examen

Llega a tiempo. Unos minutos de antelación te ayudarán a prepararte mentalmente para la tarea. Llegar tarde a un examen no solo te coloca en desventaja sino que puede ser causa de un mal comienzo, y esto afecta negativamente al resto del examen. Llegar demasiado pronto tampoco es aconsejable, ya que puede acrecentar los nervios durante la espera.

Respira profundamente. Una de las más sencillas y asequibles técnicas de relajación es la respiración. Respira hondo antes de comenzar el examen. Una vez que te hayas entregado a la tarea, te sentirás ocupado y tranquilo.

Lee las instrucciones y las preguntas cuidadosamente. Es penoso cuando el profesor tiene que penalizar al alumno por no haber comprendido bien una pregunta. Sin embargo, ocurre con frecuencia, y el alumno ha sido, en última instancia, el responsable. Si tienes alguna duda, pregunta al profesor. Se ha demostrado que cuando un alumno pide una aclaración, muchos otros también la necesitan, pero no dicen nada por vergüenza.

Planifica el examen. Antes de empezar a escribir, piensa en cómo vas a contestar. Haz un pequeño esquema con los cuatro puntos básicos (o los que sean) de tu respuesta. Piensa en el orden en que vas a contestar. Ocúpate primero de las preguntas que mejor sabes, pero no les dediques tanto que no te quede tiempo para las demás. No dejes preguntas en blanco, a no ser que no sepas absolutamente nada.

Conserva unos minutos para revisar el examen al final. Al releer el ejercicio, podrás detectar errores, frases incompletas o alguna idea fundamental olvidada. Es el momento de dar esos toques que añaden calidad al examen.

«Esto es lo mío.» **Desde una edad muy temprana, muchachos y muchachas harían bien en familiarizarse con las más variadas profesiones modernas. También aquí padres y adultos pueden ser eficaces guías y orientadores.**

viene de la página 45

mas de estudios, es el gran reto de los profesores de este nivel.

El proyecto de futuro

Francisco está en su último curso de secundaria y, por fin, ha decidido estudiar para ingeniero de caminos. Como antes quería estudiar informática y unos meses después, para ingeniero agrónomo, sus padres ya están un poco cansados de oír cambios... Todavía le gastan bromas al recordar lo que quería ser unos años antes: primero policía, luego bombero, y durante mucho tiempo: médico.

Ahora, sin embargo, las opciones empiezan a ser más concretas y se está definiendo por las ingenierías. Después vendrá el problema de la nota mínima necesaria para entrar en la facultad o escuela universitaria que haya elegido. Si a pesar de todo, consigue matricularse, tendrá que continuar eligiendo diversas vías de especialización académica y, más tarde, laboral.

Una de las tareas más típicas e ineludibles del adolescente de nuestros días es la determinación de su vocación. Se trata de un proceso largo y lento en virtud del cual el joven va identificándose con una imagen profesional con la que se encuentra a gusto. Debido a la falta de experiencia y de perspectiva de los jóvenes, el mundo adulto puede influir positivamente en esta cuestión (ver el apartado ***"El papel de los padres en la vocación de sus hijos"***, pág. 54).

¿Cómo se concreta la vocación?

El proceso que permite determinar la vocación es actualmente largo y complejo. Si lo contrastamos con la era artesanal, el papel del adolescente es ahora mucho más difícil que entonces. En el pasado, las opciones eran pocas y estaban limitadas a una región geográfica muy específica. Con la revolución industrial, las posibilidades se abrieron mucho al poder trabajar en las fábricas y otros centros de producción de los núcleos urbanos.

Hoy, en muchos países, sobrepasada ya esa etapa industrial, se vive la era de la **alta tecnología**. Los trabajos repetitivos de toda índole se hallan en proceso de extinción, y cada vez se requiere de la juventud una preparación más específica para el desempeño de cualquier profesión.

Determinar la vocación supone un proceso común en muchos niños y jóvenes. Y cuando se quiere entender su desarrollo, vale la pena preguntarse:

¿Cuándo se inicia el proceso? ¿Cómo transcurre dicho proceso hasta que se hace una elección definitiva?

¿Qué valor tienen las afirmaciones de los pequeños que quieren ser, por ejemplo, futbolistas?

¿Cuáles son los factores que afectan la vocación profesional?

¿Qué pueden hacer los adultos para ayudar a los jóvenes en esta tarea?

El resto de este capítulo ofrece un intento de respuesta a esas preguntas.

El desarrollo de la vocación

Un grupo de investigadores, encabezados por **Ginsberg**, elaboraron una teoría del desarrollo vocacional que, en la actualidad, se halla ampliamente aceptada. En virtud de esta teoría, el desarrollo de la vocación comienza a una edad temprana (6-7 años de edad) y se prolonga hasta que el joven empieza a trabajar (en la página siguiente aparecen tres ejemplos).

Durante la **etapa de fantasía**, el niño sueña con ser miembro de una profesión atractiva, prestigiosa y original, frecuentemente inspirada en los personajes de la literatura o la cinematografía, o en sus observaciones quiméricas del mundo adulto. Es natural. En el mundo del niño la imaginación ocupa un lugar preponderante. Por tanto, en esta etapa no encontramos barreras relacionadas con las oportunidades laborales, la capacidad individual o los inconvenientes de oficios y profesiones. Con frecuencia, los niños piensan en ser astronautas, bomberos, policías, políticos, estrellas de cine, deportistas de élite o pilotos. Suelen ser ocupaciones con protagonismo en la vida pública o que se exaltan en los medios de comunicación.

Otras veces, aunque el pequeño aspire a profesiones más realistas como maestro, médico, cartero u oficinista, su concepción fantasiosa de ellas sigue guardando muy poca relación con la realidad.

La segunda es la **etapa tentativa**. Coincide con la adolescencia temprana y constituye un intento ya más serio de elaborar un proyecto de futuro. En primer lugar, los adolescentes muestran preferencia por ciertas ocupaciones. Observan a los profesionales correspondientes, casi siempre informalmente y todavía con bastante superficialidad, y deciden que "les gusta"; de modo que, la preferencia personal parece que sea su único criterio.

A medida que vayan avanzando en edad se irán dando cuenta de sus propias aptitudes y limitaciones. Empezarán entonces a observar la existencia de barreras y oportunidades. Escuchan, estudian y analizan los diversos mensajes que reciben. Finalmente, llegarán a identificarse con una ocupación o tipo de ocupación razonable.

Alrededor de los 18 años de edad, aun cuando hay muchas variaciones al respecto, el adolescente hace una elección basada en su situación personal, sus preferencias y sus posibilidades. Se puede decir que ha alcanzado la **etapa realista** del desarrollo vocacional. No podemos decir que sea el final del proceso. A partir de ahora, estará en constante actividad, explorando diferentes posibilidades dentro de la opción básica. Finalmente, el joven escogerá algo concreto.

En realidad, el proceso no concluye en este momento. Puede extenderse fácilmente a los años de estudios avanzados e incluso a la primera etapa de su vida laboral. Es más, en nuestros días se observan cada vez con más frecuencia cambios radicales en la actividad profesional de adultos a edades muy por encima del adolescente más avanzado.

Factores que afectan a la vocación

El proceso descrito, lejos de ser autónomo y espontáneo, toma forma dependiendo de muchos factores. Se trata de factores de tipo personal, social, educativo o laboral y pueden llegar a modificar radicalmente el

continúa en la página 51

¿Cómo se forma la vocación?

según Ginsberg

ETAPA DE FANTASÍA (de 6 a 11 años de edad)

Yo quiero ser marino mercante. Me gusta el mar y los barcos. Sobre todo los buques grandes con gente importante a bordo. Al llegar a los puertos conoces a mucha gente y luego vuelves a tu casa a estar con tu mujer y tus hijos.

Marcos, 9 años

ETAPA TENTATIVA (de 11 a 17 años de edad)

Me gustaría ser abogada. Además de ser un trabajo bonito puedes ayudar a la gente. Creo que la carrera es bastante difícil. Por eso, a lo mejor estudio arquitectura, pero también es difícil. Psicología es otra carrera que me gusta mucho, pero ya veré...

Miriam, 14 años

ETAPA REALISTA (a partir de 17 años)

Estoy dudando entre ir a medicina o enfermería. Me gusta más medicina, pero no sé si voy a sacar suficiente nota. Lo más probable es que acabe en enfermería, que es una salida muy buena.

Sara, 18 años

viene de la página 49

camino que toman los jóvenes en su elección de un oficio o carrera.

- **Factor personal.** Quizá el factor de mayor peso en la adquisición de la vocación es el que atañe al individuo en particular y sus atributos personales. El sujeto aprende constantemente de sí mismo y va poco a poco configurando su puesto en la sociedad. El adolescente en especial aprende muy intensamente acerca de sus **puntos fuertes y débiles** en dominios tan abarcantes como su inteligencia, su capacidad para relacionarse, su personalidad, sus creencias y sus valores. Todas estas características personales le hacen verse a sí mismo en esta profesión o en aquella otra.
- **Factor ambiental.** Como es natural, los jóvenes no viven en un vacío sino en medio de un ambiente del que reciben constantes y variados estímulos. Sus amigos, la familia, el centro escolar, la calle, la televisión e incluso las propias profesiones con las que tratan (el profesor, el industrial, el mecánico, el enfermero, el contable, el vendedor...) los hacen estar cada vez más informados de las diferentes opciones. Además, las **diversas culturas** conservan actitudes distintas hacia las profesiones. A través del entorno, el adolescente aprende a evaluar las profesiones en función de su mayor o menor prestigio. Asimismo, aprende a ver el **papel del sexo** en relación con las diversas profesiones. Por ejemplo, mientras que en el pasado ciertos trabajos se consideraban privativos de los varones y otros de las mujeres, ahora el adolescente puede ver a mujeres en puestos de juez y a hombres sirviendo bebidas en el avión.
- **Factor educativo.** Nos referimos aquí a la formación específica que el alumno de un centro escolar ha venido recibiendo hasta el momento de optar por una u otra salida futura. La **calidad de la enseñanza**, así como el programa académico, determinan un nivel de conocimiento y de preparación que afectan tanto a posibles trabajos como a eventuales estudios superiores. La influencia que los centros escolares ejercen desde el **gabinete psicopedagógico** también tiene su peso. Por este medio los alumnos reciben consejo vocacional e información acerca de las diferentes opciones profesionales.
- **Factor laboral.** Aunque idealmente la profesión debería escogerse en función de la preferencia vocacional del sujeto y de sus posibilidades personales de alcanzar la meta, el **mercado laboral** es decisivo en la elección. Existen empleos que son muy limitados en número y de difícil acceso. El adolescente tiene que darse

continúa en la página 53

«¿Y para qué valgo yo?» El adolescente debe averiguar sus aptitudes más propias, pero sin olvidar que la versatilidad resulta importante en el mundo laboral. Por ejemplo, en cualquier profesión le será útil una previa familiaridad con los ordenadores (computadoras), herramienta básica en nuestros días.

PERSONALIDAD Y VOCACIÓN según Holland

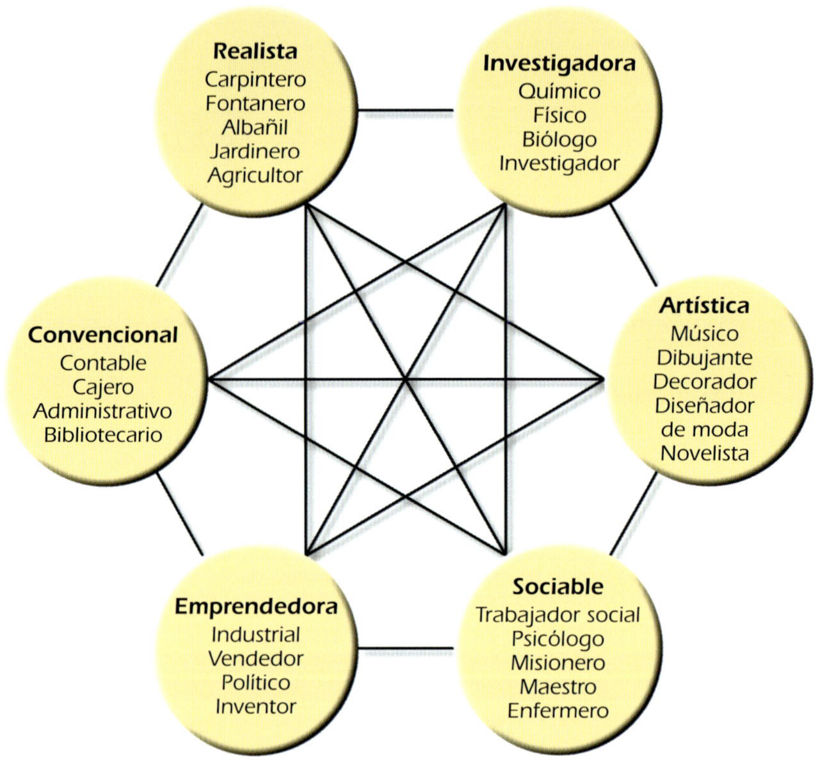

Cada persona tiene una faceta dominante de la personalidad que la predispone para uno u otro tipo de trabajo; por ejemplo, el sujeto artístico desempeñará bien una profesión de bellas artes. Sin embargo, todos tenemos cierta medida de todas esas facetas. Y el reto, en una sociedad cambiante, consiste en estar dispuesto a desempeñar más de una profesión.

viene de la página 51

cuenta de esta configuración particular; y si no es así, alguien con experiencia debe informarlo de la realidad. Por el contrario, otras veces el mercado laboral ofrece muchas salidas en una determinada especialidad. Puede ser esta una buena ocasión para contemplar el inicio de una línea profesional hasta entonces no considerada.

Personalidad y vocación

No resulta nada infrecuente encontrar una secretaria que hubiera sido una excelente periodista, o un ingeniero que por su personalidad sería mucho más feliz dedicado a la venta de automóviles. Y es que, aparte de la aptitud para el trabajo, la personalidad idónea nos hace mucho mejores miembros del gremio.

La capacidad humana de adaptación es enorme. De hecho, muchas personas podrían ejercer una amplia gama de profesiones ya que poseen una personalidad **adaptable**. Sin embargo se dan bastantes casos de gente que acaba trabajando en algo que "no va con él/ella". Su personalidad es incompatible con la actividad que en la actualidad desempeña.

Por esta razón, parecería útil familiarizarse con los diversos estilos personales de ser y de actuar, y conocer las correspondientes ocupaciones ideales.

John Holland establece seis rasgos básicos de la personalidad que guardan relación directa con varios grupos de profesiones. De este modelo han surgido varias pruebas de orientación profesional con el fin de guiar mejor a los jóvenes en su elección. Si bien es cierto que este criterio no puede utilizarse por sí solo, también lo es que puede ayudar a muchos a conocerse mejor y estimar los tipos de empleo en los que posiblemente alcanzarían la satisfacción óptima.

- La persona **realista** está interesada en los aspectos prácticos de la vida y se inclina hacia una profesión relacionada con ellos. Suele mostrar preferencia por las tareas que exigen coordinación motriz y destreza física, y desea ver resultados concretos y tangibles como producto de su trabajo.
- La persona **investigadora** prefiere trabajar con conceptos abstractos e ideas. Le gusta el trabajo intenso, independiente y sin tener que tratar con gente. Prefiere analizar las situaciones desde un punto de vista intelectual y teórico, y no siempre está dispuesta a observar el componente práctico.
- El individuo con personalidad **artística** es predominantemente creativo y, por tanto, siente placer al tratar con el arte, la música, la literatura, el teatro, etcétera. Se encuentra en el extremo opuesto al tipo convencional, es decir, rompe con los moldes tradicionales por su uso abundante de la creatividad.
- El sujeto **sociable** se halla fundamentalmente orientado hacia la gente, especialmente en lo que se refiere a ayudar. Se siente atraído por las profesiones que tienen como fin prestar un servicio de colaboración social, de apoyo, de orientación o de enseñanza. Tiende a evitar ocupaciones que requieran una excesiva concentración física o intelectual.
- El sujeto con personalidad **emprendedora** es seguro de sí mismo, dominante y con tendencia al éxito. Tiene como objetivo iniciar nuevos proyectos y acometerlos con decisión. Es predominantemente verbal y está dotado para la persuasión. Sus profesiones preferidas suelen ser las relacionadas con puestos de dirección.
- Por último, el individuo **convencional** disfruta de la tranquilidad de un trabajo relajado y rutinario. Respeta a conciencia las normas establecidas y reconoce la autoridad de sus superiores. Lleva a cabo su trabajo puntualmente y de acuerdo con las pautas marcadas.

«Y ahora, ¿qué?» Cuando llega el anhelado momento de la graduación –culminación de años de dedicación y esfuerzo–, la gran pregunta es si resultará fácil encontrar trabajo.

El papel de los padres en la vocación de sus hijos

El estilo de vida (valores, principios, actitudes y prácticas) de los padres desempeña un papel determinante en la elección vocacional de sus hijos. Por ejemplo, si una familia siempre ha exaltado valores de servicio y abnegación, es probable que los hijos se inclinen por profesiones y actividades en los que esos valores sean bien considerados.

A pesar de todo, hay muchos casos en los que los hijos toman decisiones profesionales muy diferentes de las que los padres hubieran deseado. Por ello, el mejor consejo que podemos dar es el de que los padres, aunque con derecho a recomendar lo que creen mejor para sus hijos, permanezcan con la **mente abierta** a otras posibilidades que pueden también ser válidas.

Y mientras la vocación se va formando, los padres pueden dialogar con sus hijos sobre las **ventajas e inconvenientes** de las profesiones que se van encontrando: el médico al que acuden en caso de enfermedad, el mecánico que repara el automóvil, el empleado de banca que los atiende para un asunto de préstamos, o el experto fiscal que los asesora sobre los impuestos.

Los padres también pueden hacer una buena labor mediante la **desmitificación** de las profesiones que aparecen en las películas y en las series televisivas. Por ejemplo, el detective cinematográfico es completamente diferente del detective de la vida real.

Enseñar a los jóvenes a observar su entorno con ojo crítico es quizá la mejor influencia vocacional que los padres puedan ejercer.

Y en cuanto a los aspectos más técnicos de la orientación hacia estudios o tipos de empleo, los padres pueden llevar a su hijo a un psicólogo para obtener orientación profesional. Hay psicólogos en los centros escolares, en algunos servicios públicos o en el sector privado. La consulta consiste en una entrevista y en la realización de varias pruebas psicológicas diseñadas a este efecto. Finalmente, el psicólogo ofrece una orientación basada en el nivel intelectual, las aptitudes, los intereses, las preferencias y la personalidad del entrevistado.

El primer empleo

El **desempleo** de los más jóvenes es un problema creciente. La era tecnológica ha desplazado los trabajos repetitivos que exigían una gran cantidad de horas de labor, lo cual podía ser atractivo para muchos jóvenes. En su lugar, han aparecido oportunidades de **empleo altamente especializado** que exige experiencia. Por tanto, si hay pocos empleos sin cualificar y los especializados requieren experiencia previa, los adolescentes y los jóvenes se encuentran en desventaja para acceder a un puesto de trabajo.

¿Cuál debería ser la actitud de los padres de jóvenes y muchachas en edad de acceso al primer empleo?

¿Qué hacer cuando se quejan de que no encuentran un trabajo?

¿Cómo responder cuando nos dicen que no tiene sentido estudiar porque la gente que lo hace también acaba en el paro?

Uno de los postulados básicos en el mundo laboral actual es que la mayoría de los empleos requiere una formación.

Entonces, ***¿vale la pena estudiar?***

Evidentemente, sí.

Si hay posibilidades de estudios técnico-profesionales, medios o superiores, no deben desaprovecharse.

Cuanto más preparado se encuentre el joven, más **oportunidades de trabajo** tendrá. Esto es cierto aun cuando la preparación no coincida enteramente con la actividad profesional.

Los estudios seguidos con seriedad y aplicación amplían el horizonte y hacen madurar a la persona globalmente. Y esto de por sí ya constituye una evidente ventaja.

Cómo encontrar trabajo

No debemos engañarnos con el hecho de que hay paro en este sector o en aquel. La oferta de trabajo cambia constantemente, así que las salidas profesionales se cierran y se abren alternativamente.

Con todo, buen número de jóvenes que han terminado sus estudios no encuentran trabajo. En estos casos resulta imprescindible establecer ciertas **estrategias de acción** para conseguir éxito en la búsqueda de empleo, y evitar males como la depresión o la drogadicción. Consideremos algunas:

1. **Mantenerse ocupado con actividades formativas**: tareas de búsqueda de empleo, lectura, deporte, relación con otros jóvenes, cursos de informática (computarización), idiomas, etcétera.
2. **Aferrarse a todo lo positivo con que uno cuente:** una familia que lo apoya, unos ahorros, un trabajo a tiempo parcial, un estilo de vida sano. Esto es importantísimo si se experimentan los primeros signos de la depresión: pérdida de energía y de interés por todo, poco apetito, insomnio, sentimientos de culpa o de inferioridad.
3. **Permanecer abierto a la aceptación de trabajos que no constituyan exactamente lo que uno espera**. Esto llena el exceso de tiempo libre, proporciona equilibrio mental y ayuda financieramente mientras se sigue buscando un empleo más deseable.
4. **Considerar los trabajos de voluntariado**. Cada vez existen más instituciones

Aparte de su valor intrínseco (altruismo, fraternidad humana), las tareas de voluntariado se acompañan de otros valores, útiles también en el mundo laboral (disciplina, responsabilidad, aprendizajes varios...).

públicas y privadas: hospitales, bibliotecas, museos, empresas, fundaciones, iglesias, o bien las llamadas ONG (organizaciones no gubernamentales), que ofrecen puestos de servicio voluntario. De esta manera, los jóvenes adquieren experiencia, se habitúan a la disciplina del trabajo, se sienten útiles, viven de cerca las tareas profesionales, a la vez que entran en contacto con personas de las que pueden aprender mucho. Todo esto resulta ventajoso a la hora de conseguir un empleo fijo y remunerado. Tanto es así que, en muchos países, el voluntariado constituye un trampolín para iniciarse en el mundo laboral.

5. Finalmente, **no abandonar en ningún momento la búsqueda de trabajo**, acudiendo a todas las ofertas posibles y manteniéndose informado acerca de los distintos ámbitos de empleo. Cualquier sistema de búsqueda implica que antes de conseguir un empleo se tienen que recibir muchas negativas, y esto es cierto hasta para los más capacitados.

Profesiones con futuro

Por lo demás, es conveniente estar al corriente acerca de las **carreras y profesiones con un mayor futuro**, para que así, en el marco de sus aptitudes e inclinaciones, el muchacho o la muchacha puedan optar por aquellos cauces académico-laborales que mejor contribuyan a asegurar su vida adulta.

En este sentido, sectores de **tecnologías avanzadas** requerirán un notable aporte de mano de obra en un futuro próximo. La expansión de los medios de comunicación y su creciente variedad de formas, unidas a la generalización de la informática, hacen muy atractivos los estudios relacionados con dichos ámbitos: informática, ofimática, telemática, electrónica digital, telecomunicaciones, imagen y sonido...

En otro campo, el de la **salud** y el **bienestar público**, las tendencias ecológicas en auge, las nuevas epidemias, la extensión de la marginalidad social y la progresiva especialización en las ciencias médicas, favorecen estudios académicos como los relativos a técnicas medioambientales, fisioterapia, psicología aplicada, salud pública, asistencia social, etcétera.

También, en esta misma línea o muy próximos a ella, los estudios **agrícolas y agronómicos** recuperan prestigio debido al nuevo énfasis en la "biocultura" (uso y consumo de productos naturales), así como a las tendencias de regreso al medio rural, válvula de escape de la congestión y contaminación urbanas.

Igualmente, los espectaculares avances en **ingeniería genética** propiciarán un desarrollo paralelo de los estudios en esta materia, en especial cuando se generalice la explotación industrial de dichos avances (los alimentos "transgénicos" y los animales clónicos son ejemplos pioneros en este campo).

El ***marketing*** continuará siendo, desde los diferentes ángulos en que sus técnicas son abordadas (economía, psicología, sociología, publicidad, arte y diseño gráfico, etc.), uno de los focos de atracción del empleo en los años venideros. Las economías modernas, crecientemente basadas en los sectores financieros, la concentración de empresas y la competencia despiadada por las cuotas de mercado, seguirán recurriendo a dichas técnicas de modo cada vez más sofisticado.

Todo ello sin olvidar que muchos **oficios** y especialidades de ya rancia estirpe, como los relacionados con la **vivienda** y el acondicionamiento del hogar (albañilería, fontanería, carpintería, electricidad, aire acondicionado, calefacción...) conservarán su valor y su importancia social.

En suma, bueno será mantenerse lo más atento e informado que resulte posible acerca de la evolución del mercado laboral, y ser conscientes entre tanto de la mayor especialización que se esperará de los hombres y mujeres del mañana.

TEST

El rendimiento escolar

¿Cuenta mi hijo con buenas condiciones?

Responda SÍ o NO a estas preguntas acerca de su hijo o hija:

	SÍ	NO
1. ¿Está experimentando ahora los cambios de la adolescencia?	❑	❑
2. ¿Posee la inteligencia suficiente?	❑	❑
3. ¿Pasa demasiado tiempo con sus amigos/as?	❑	❑
4. ¿Tiene buena memoria?	❑	❑
5. ¿Carece de los conocimientos básicos de cursos previos?	❑	❑
6. ¿Le agrada, en general, el centro educativo al que asiste?	❑	❑
7. ¿Tuvo algún accidente o enfermedad larga el curso pasado?	❑	❑
8. ¿Habla bien de los profesores?	❑	❑
9. ¿Ha tenido algún problema de disciplina en el último año?	❑	❑
10. ¿Le gustan la mayoría de las asignaturas?	❑	❑
11. ¿Se levanta muchas veces de la mesa cuando estudia?	❑	❑
12. ¿Estudia siempre a la misma hora?	❑	❑
13. ¿Estudia casi siempre con sus amigos?	❑	❑
14. ¿Usa papel y lápiz constantemente para verificar lo que estudia?	❑	❑
15. ¿Deja el estudio para el día antes del examen?	❑	❑
16. ¿Subraya lo más importante al leer los libros de texto?	❑	❑
17. ¿Ve la televisión más de una hora al día?	❑	❑
18. ¿Estudia primero y se divierte después?	❑	❑
19. ¿Hay peleas frecuentes en la familia?	❑	❑
20. ¿Dispone de un sitio tranquilo para estudiar?	❑	❑

Baremo

PREGUNTAS PARES: Sume **un punto** por cada **respuesta afirmativa** y cero si ha sido negativa.

PREGUNTAS IMPARES: Sume **un punto** por cada **respuesta negativa** y cero si ha sido positiva.

Evaluación

0-3 puntos: Fracaso escolar probable. La situación requiere acción inmediata.

4-7 puntos: Las condiciones de estudio necesitan mejorarse.

8-13 puntos: Las condiciones son normales.

14-17 puntos: Las condiciones son muy buenas y los resultados deben ser satisfactorios.

18-20 puntos: Condiciones excelentes.

Antes de autoexaminarse

Al final de este capítulo, así como en todos los siguientes, se incluye un "Pensándolo bien" doble: uno para adolescentes y otro para padres, como se ve en la página contigua. El primero, en cada caso, "Sincerándote a solas", se dirige a los adolescentes; el segundo, "Reflexionando con calma", tiene por destinatarios a los padres de los adolescentes.

LOS JÓVENES

Sincerándote a solas

Este autoexamen **para jóvenes** (columna izquierda) del final de todos capítulos de PARA ADOLESCENTES Y PADRES, te propone una serie de **cuestiones abiertas** y encadenadas, para que, si así lo deseas, te las plantees de modo **personal e intransferible.** No tienes por qué comunicarle tus respuestas ni aun a tu mejor amigo o amiga, o a tus padres.

No se trata de un examen o test, ya que no tiene puntuación ni requisitos de ningún tipo. Está pensado para ayudarte a **que te conozcas mejor,** y, como sabemos que te gusta que te hablen con franqueza, te propone **preguntas confidenciales y directas,** para que no tengas lugar a dudas. Pero eres **tú** quien se hace las preguntas, y **tú** quien las responde.

Lo ideal es que con papel y bolígrafo, o con tu ordenador (computadora), **escribas las respuestas** después de haber **reflexionado** ante cada pregunta. Se trata de que seas también **tú,** y no otros por ti, quien averigüe **cómo eres realmente,** así como los aspectos en los que un **nuevo estilo de vida** –un **cambio** de ciertas **actitudes** y **hábitos**– te puede hacer más grato y provechoso tu camino hacia la edad adulta y tu presente realización individual y social.

Al final del cuestionario, te invitamos a efectuar una **reflexión global** para sacar tus propias y **personales conclusiones.** Conviene que también las fijes **por escrito** para ti en exclusiva. Si nos permites una sugerencia: ¡Que tus **conclusiones** sean tan **prácticas** como puedas!

LOS PADRES

Reflexionando con calma

Nuestro autoexamen **para padres con hijos adolescentes** (columna derecha) propone, a cada **padre** y cada **madre,** una serie de **cuestiones abiertas** y ordenadas de modo más o menos lógico. Persigue ayudarlos a ustedes a **conocer mejor a sus hijos,** y para que analicen las **actitudes** de ustedes dos –como individuos y como pareja– **con respecto a ellos y su mundo.** Por supuesto no es para que se entere directamente su hijo o su hija de sus respuestas y reflexiones.

No pretendemos que ustedes autocalifiquen sus aptitudes como padres y educadores. Su finalidad es motivarlos a preguntarse ustedes mismos acerca de la **problemática de sus hijos,** a fin de que juntos averigüen las **causas** de las posibles **dificultades,** y se planteen la adopción, en todo lo que convenga, de un **nuevo estilo de vida.**

Tanto el padre como la madre pueden autoevaluar su relación con sus hijos adolescentes por separado, pero lo ideal es que lo hagan juntos y lleguen a **respuestas consensuadas.**

Conviene que las respuestas se fijen **por escrito,** pues con ello se consigue mayor **reflexión** y más **precisión.**

Al término del cuestionario se les invita a efectuar una **valoración general** y a extraer sus propias **conclusiones,** las que, por cierto, resultarán más provechosas cuanto más **prácticas** sean. También conviene **escribirlas.**

Pensándolo bien

LOS JÓVENES

Sincerándote a solas

Pregunta: Últimamente, ¿ha disminuido tu rendimiento académico?

Respuesta:

P: ¿Crees que podrías mejorar tu nivel? ¿Se te ocurre cómo lograrlo?

R:

P: ¿Es un problema de **a)** método de estudio; **b)** capacidad; **c)** autodisciplina; **d)** otros?

R:

P: ¿Estimas que los cambios físicos y psíquicos de tu adolescencia tienen algo que ver?

R:

P: ¿Aplicas, de modo más o menos consciente, eficaces técnicas de estudio?

R:

P: ¿Te consideras un estudiante aplicado?

R:

P: ¿Crees que tus profesores se sienten respetados por ti?

R:

P: ¿Te fijas metas realistas para el futuro?

R:

P: ¿Sabes cuáles son tus talentos y conoces tus inclinaciones más positivas y fructíferas?

R:

P: ¿Tienes claro lo que te gustaría ser en tu edad adulta? Y en caso afirmativo, ¿crees que esa elección sería útil para ganarte la vida honradamente?

R:

P: ¿Te preocupa el desempleo? ¿Lo tienes en cuenta como una amenaza real?

R:

Reflexión final y conclusiones

LOS PADRES

Reflexionando con calma

Pregunta: ¿Están ustedes al tanto de los estudios de sus hijos?

Respuesta:

P: ¿Se implican de manera exigente, pero oportuna y discreta, en su evolución académica?

R:

P: ¿Emplean con frecuencia palabras de ánimo y, oportunamente, elogios y alabanzas?

R:

P: ¿Les sugieren metas realistas y razonables? ¿...O quizá se las imponen?

R:

P: ¿Conocen las aptitudes y las inclinaciones de sus hijos adolescentes?

R:

P: ¿Se relacionan activamente con sus profesores y autoridades académicas?

R:

P: ¿Favorecen su autodisciplina recurriendo, si es necesario, a normas estrictas pero revisables?

R:

P: ¿Procuran mantener unas condiciones ambientales favorables para el estudio de sus hijos?

R:

P: De cara al futuro profesional de sus hijos, ¿les facilitan los medios más idóneos? ¿Evitan transmitirles sus propias frustraciones y convertirlos en remedio para las mismas?

R:

P: ¿Utilizan ustedes su experiencia para orientarlos acerca de su futuro profesional?

R:

Reflexión final y conclusiones

3

El adolescente y la familia

> **La paz y la armonía constituyen la mayor riqueza de una familia.**
>
> BENJAMÍN FRANKLIN
> Físico y político estadounidense
> 1706-1790

> **Hijo mío, escucha los consejos de tu padre, no rechaces las instrucciones de tu madre [...] cuando tengas que actuar, te orientarán; mientras descansas, te protegerán.**
>
> SALOMÓN
> PROVERBIOS VI, 20-22
> siglo X a.C.

LA MADRE de Raúl tenía la esperanza de que el muchacho, con el tiempo, se fuese volviendo más ordenado y mantuviese su habitación de forma presentable. Pero a sus 15 años, Raúl no ha mejorado en absoluto. Es más, las cosas se han complicado mucho más porque, aparte de que el cuarto se halle peor que nunca, Raúl se resiste abiertamente a cooperar en este sentido:

–Es mi habitación y hago lo que quiero... ¿Me meto yo en tus asuntos? Pues déjame en paz...

Esto irrita a la madre sobremanera, y no pocas veces tienen altercados bastante serios. A veces las secuelas del enfrentamiento incluso se han llegado a prolongarse varios días, durante los que apenas se dirigen la palabra.

Con su padre, Raúl tiene otro problema, relacionado con la hora de regreso a casa los fines de semana. El padre le dice que cuando él era joven, no solo volvía antes de las diez, sino que no protestaba. Esto a Raúl le trae sin cuidado; así que, cuando su padre se expresa en estos términos, él desconecta el interruptor mental y actúa como si su progenitor no le estuviese hablando. A eso el padre responde con amenazas que no puede cumplir, y, después de una discusión cargada de emotividad y vacía de razones, cada uno se va por su camino sin haber arreglado nada.

El adolescente y su familia

La dinámica familiar empieza a sufrir cambios importantes cuando los niños alcanzan la pubertad. Estas variaciones progresivas (y a veces, repentinas) se reciben frecuentemente con sorpresa y sin preparación. Los **desacuerdos** entre padres e hijos tienden a acentuarse. La actitud sumisa de muchos hijos desaparece, y se enfrentan abiertamente a las opiniones de sus padres.

En algunos casos, la crisis alcanza dimensiones que escapan al control de la propia familia y necesitan intervención profesional. Afortunadamente, muchas otras veces, la "tormenta" adolescente pasa con rapidez o incluso nunca llega a notarse.

La brecha generacional

No solamente en nuestro tiempo, sino a través de la historia ha habido, y sin duda seguirá habiendo, importantes desacuerdos entre padres e hijos, especialmente en esta edad juvenil. Las cuestiones básicas que nos debemos plantear son:

La emancipación a lo largo de la vida

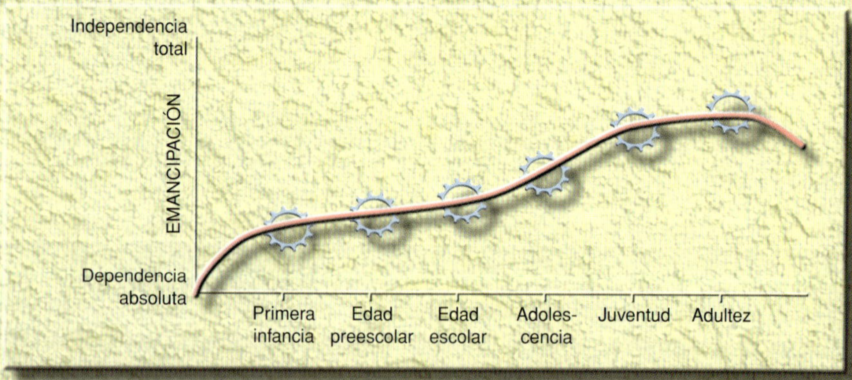

La emancipación de cualquier persona con respecto a su familia sigue un proceso de variación constante. El recién nacido depende totalmente de su familia. El preescolar descubre una independencia parcial por medio de su propia autonomía motriz y la relación con sus amiguitos. El escolar explora el mundo del aprendizaje fuera de la familia. El adolescente hace un gran intento de independencia a través de su centro académico y de su grupo. El joven entabla relaciones de pareja y llega a formar su propia familia. Una vez formada esta, se observa por lo general un regreso afectivo a la familia original.

El adolescente a veces se aísla, en un intento por abstraerse de la presión del entorno. Sin embargo, aunque no lo demuestre, y menos aún lo confiese, necesita la comprensión, la confianza y la aceptación de sus iguales... así como la de los mayores, y en especial la de sus padres.

¿En qué disienten en concreto padres e hijos?

¿Son esas diferencias realmente importantes? ¿Son temporales o permanentes?

Diversos estudios de la adolescencia han puesto en evidencia que los motivos de desacuerdo no han variado mucho en los últimos cien años. A pesar de todo, no hemos de olvidar que, aunque los motivos de discordia sean similares, los cambios sociales de nuestro tiempo han complicado aún más la relación paterno-filial.

¿Qué hacer para evitar estos conflictos o para mejorar una relación ya deteriorada?

Veamos una estrategia que se concreta en dos pasos:

1. **Reconocer la auténtica naturaleza de la "brecha generacional".** Varios estudios recientes sostienen que la brecha generacional, a pesar de que sea un hecho extendido y real, no es tan profunda como se la presenta a menudo en los medios de comunicación. Antes bien, se ha constatado que, aun cuando los comportamientos de los adolescentes difieren significativamente de los de sus padres, los valores, actitudes y creencias siguen siendo muy similares.

   ¿Cómo se explica esta contradicción?

   El adolescente está decidido a encontrar su **propia identidad** y para ello explora diversas alternativas. Parece aceptar cualquier idea nueva que conoce. Pero, en realidad, no desecha los valores aprendidos en la familia. Por tanto, si los padres entienden este hecho, pueden ejercer mucha más tolerancia sobre la rebeldía o las "locas" ideas de sus hijos, y, más tarde, se verán gratamente sorprendidos por los resultados.

2. **Desarrollar un buen sistema de comunicación.** Cuando sobreviene el de-

Una cierta rebeldía... es lo normal

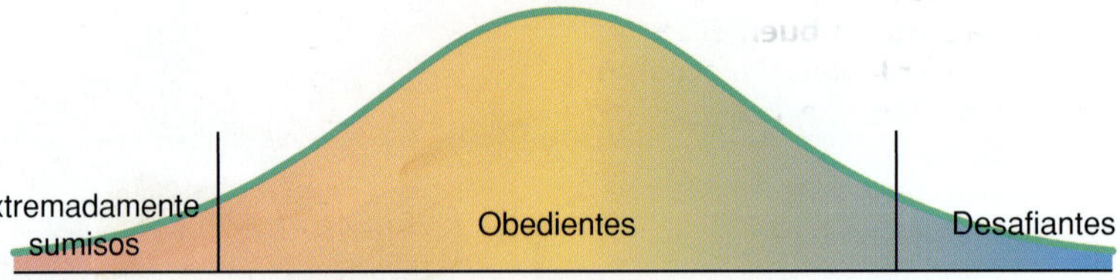

Utópicamente cabría esperar una curva de población adolescente como esta. La mayoría de los muchachos y muchachas serían razonablemente obedientes, quedando en uno de los extremos unos pocos exageradamente sumisos y en el otro los desafiantes.

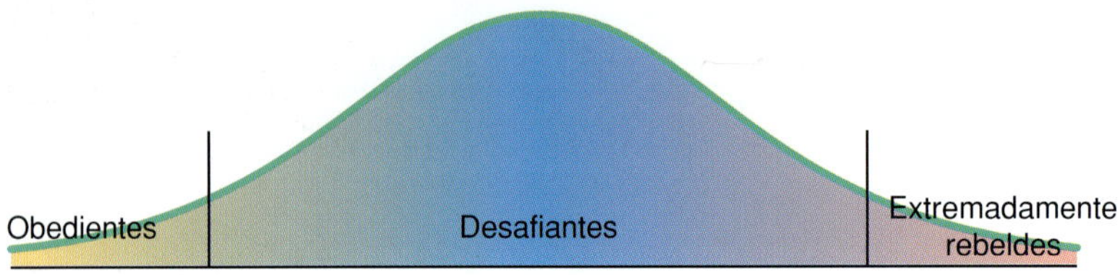

Para la tranquilidad de muchos padres, hemos de reconocer que esta curva de población adolescente responde mejor a la realidad observable. La mayoría de los adolescentes muestran una actitud desafiante; y los obedientes y los extremadamente rebeldes, son la minoría.

sacuerdo, la comunicación es vital. Existen dos actitudes básicas ante cualquier situación real o potencialmente conflictiva:

- mantener los **canales** de comunicación **cerrados,** o
- mantenerlos **abiertos**.

El adolescente, por su propia naturaleza, se retira ante la primera opción. Pero debido a sus opiniones fuertemente encontradas, los padres tienden a ejercer esa vía de comunicación, es decir, la de los canales cerrados. Pongamos un ejemplo.

Raquel acude a su madre para contarle que una compañera de clase se ha quedado embarazada.

La posibilidad de abrir o cerrar la comunicación depende enteramente de la madre. Considérese el siguiente **mensaje cerrado**:

«¡Qué vergüenza!, las muchachas de hoy en día no tienen principios. Vamos, que si tú me vienes a casa con algo así... no sé qué te haría.»

Es una actitud que cierra definitivamente la comunicación. Ante ello, puede que Raquel se ponga a la defensiva u opte por la retirada; en todo caso habrá sacado muy poco provecho de la conversación.

En contraste, considérese este **mensaje abierto**:

«¿Has hablado con ella...? ¿Y qué piensa hacer ahora...? ¿Y tú que opinas de todo esto...?»

Preguntas semejantes, hechas con calma y con interés, ayudan al adolescente a reflexionar y analizar la situación. También ofrecen la posibilidad de establecer una relación constructiva entre padres e hijos.

El ordeno y mando nunca ha sido un buen sistema de ejercer la autoridad paterna. Pero es que hoy día, además, resulta ineficaz y contraproducente; ya que lo único que suele conseguir es que el adolescente se inhiba o bien exacerbe su rebeldía.

En todo caso, cuando existe buena comunicación desde la infancia, es más difícil que se rompa al llegar la adolescencia. El cuadro de la página siguiente ofrece otras ideas para llevar a cabo una buena comunicación con el adolescente.*

Los estilos de relación

Los resultados de diversos estudios muestran que hay amplias diferencias en el modo en que se relacionan las familias en la intimidad:

- El estilo **permisivo**, como muestra el gráfico de la pág. 68, es el propio de los padres que aportan un alto apoyo emocional y muy poco control. Están dispuestos a escuchar a sus hijos, a hablar con ellos, pero prácticamente no les imponen restricciones.
- Los padres que ejercen un estilo **negligente** son extremadamente laxos en la disciplina y, además, no están dispuestos a dedicarles tiempo, a escucharlos o a animarlos. Los ven como una carga o un obstáculo para seguir adelante con su propia vida.
- Los padres catalogados como **autoritarios** ofrecen a sus hijos muy poco apoyo emocional; sin embargo, quieren controlar muy de cerca su comportamiento imponiéndoles normas muy estrictas. Estos padres mantienen el control absoluto del poder.
- Por último, los denominados **democráticos** ejercen control sobre sus hijos, pero al mismo tiempo ofrecen un apoyo emocional significativo. En la toma de decisiones, los hijos tienen una parte importante, lo cual proporciona una buena actitud de diálogo en la familia. En este estilo, la última decisión corresponde a

* Para un análisis más profundo acerca de la comunicación, el lector puede consultar el libro de Nancy Van Pelt, *Sin reservas. El arte de comunicarse*, obra que también pertenece a esta colección NUEVO ESTILO DE VIDA.

COMUNICACIÓN
Decálogo para los padres del adolescente

1. Antes de hablar, **escúchenlo** con mucha atención. Su mundo les interesa.

2. Fíjense no solo en lo que dice, sino también en **cómo lo dice**: el tono de voz, la expresión del rostro, la postura corporal...

3. **No le dirijan palabras airadas**. No producen ningún efecto positivo y pueden hacer mucho daño.

4. **Dialoguen** con su hijo/a a nivel profundo; no solo de lo que hace y adonde va, sino también de sus dudas, sus temores, sus anhelos e insatisfacciones.

5. **No se alarmen si su hijo/a habla poco**. Es propio de esta edad transitoria. No es nada personal contra ustedes.

6. **Reconozcan sus méritos** y sus cualidades con palabras claras de aprecio. Esto le hará darse cuenta de que ustedes están de su parte.

7. **No insistan en la misma idea**. Una vez expuesta con claridad no es necesario reiterarla. Al repetirla una y otra vez, pierde fuerza y produce frustración en su hijo/a.

8. **Eviten expresiones que cierren la comunicación** («¿Cómo ha ido el viaje?») y utilicen aquellas que la faciliten («Cuéntame lo que más te ha gustado del viaje»).

9. **Con cariño, adviértanle** de las consecuencias naturales de ciertos comportamientos para que no caiga en ellos. Y si es víctima de su propia conducta, nunca le recuerden que ya se lo habían advertido. Él/ella ya lo sabe.

10. **No tengan reparo en decir**, cuando sea preciso: «Yo he tenido la culpa. **Lo siento** de veras...»

los padres, pero no sin antes haber analizado las demás posturas.

Estos estudios no solamente han ofrecido la descripción de cada uno de ellos sino que, en el seguimiento de los hijos de estas familias, se han llegado a observar patrones de conducta que van generalmente asociados a los estilos correspondientes.

- Los **hijos de padres permisivos** suelen ser creativos y originales, pero con una tendencia a los sentimientos de inseguridad. Esto podría explicarse diciendo que muchos de estos adolescentes interpretan la actitud permisiva de sus padres como una señal de falta de celo y de amor por ellos. Aunque parezca extraño, más de un adolescente desearía que a él también sus padres le prohibiesen ciertas cosas.
- Los **hijos de padres negligentes** no suelen ser portadores de la mejor herencia emocional. Se les concede la libertad demasiado pronto y a sus padres no les importa lo que hagan con esa libertad. El resultado es la escasa capacidad para establecer buenas relaciones interpersonales y la tendencia a sufrir de una autoestima pobre. No hay efectos positivos aparentes si se sigue este estilo.
- Los **hijos de los padres autoritarios** no parecen beneficiarse de la autocracia paterna. De hecho, la mayoría de los estudios identifica este estilo como nada deseable. En los jóvenes que provienen de

LO QUE ESPERA EL ADOLESCENTE

Lawrence Schiamberg, de la Universidad del estado de Míchigan (EE. UU.) analizó varios estudios sobre la adolescencia y dedujo una serie de actitudes y conductas que el adolescente anhela ver en sus padres.

Los adolescentes desean...

1. **Que sus padres se interesen por ellos y los ayuden.** Quieren atención por parte de sus padres, aun cuando muchas veces no den la impresión de ello.
2. **Que sus padres los escuchen y traten de comprenderlos.** Quizá no estén de acuerdo, pero el diálogo ya de por sí proporciona bienestar emocional al joven.
3. **Que sus padres les ofrezcan amor y aceptación.** Los jóvenes saben de sobra que hay cosas que hacen mal, pero necesitan que sus padres, además de las reprimendas, les ofrezcan perdón, cariño y aceptación.
4. **Que confíen en ellos.** Y esto no necesariamente para aprovecharse de la confianza, sino para demostrarse a sí mismos y a sus padres que pueden ejercer una libertad responsable.
5. **Que se les confiera cierto grado de autonomía.** La autonomía es un atributo que se va desarrollando en el adolescente; si sus padres se oponen a ella, el crecimiento continuará, pero de modo inadecuado.

familias autoritarias, se observan mayores índices de delincuencia y agresividad que en cualquiera de los otros. También suelen sufrir de un pobre concepto de sí mismos, y desarrollan una actitud negativa hacia las ideas y creencias de sus padres.

- Por último, los **hijos de padres democráticos** experimentan sentimientos satisfactorios respecto de sí mismos y cuentan con una actitud positiva frente a los valores paternos. En general, este **estilo** es el ***más* deseable y positivo,** desde nuestro punto de vista, y según la mayoría de los estudios sociológicos que se vienen realizando al respecto.

Parece, por tanto, lo más recomendable complementar **el apoyo emocional** intenso ejerciendo a la vez una adecuada dosis de **control** sobre los hijos. Y es que el adolescente necesita primero la amistad profunda con sus padres, su apoyo y su disponibilidad. Solo entonces pueden los padres ejercer control sobre el adolescente.

La disciplina

Una de las ideas más claras en cuanto a disciplina es que el método aplicado en las edades más tempranas no puede ser el mismo en la adolescencia. En la niñez, la autoridad que emana del padre o de la madre es incuestionable. Sin embargo, en la adolescencia la disciplina ha de ser mucho menos autoritaria. El autoritarismo paterno en muchos casos trae consigo rebelión y hostilidad,

ESTILOS DE RELACIÓN

Esta es la pregunta de una muchacha de 16 años a su madre, la cual puede responder de acuerdo con diversos estilos paternos de relación:

«Mamá, unos cuantos amigos y amigas de clase están planeando pasar un fin de semana en la costa, en tiendas de campaña. Me han invitado. ¿Puedo ir con ellos?»

+ APOYO EMOCIONAL

Padres democráticos

Pues no te digo que sí ni que no. Es necesario que hablemos de los detalles. Me gustaría saber quiénes van y qué planes tienen para el viaje. ¿Por qué no salimos de paseo y hablamos de ello? Y después de haberlo considerado todo, decidimos.

Padres permisivos

Por supuesto que sí. Yo quiero que te acostumbres a tratar con gente de tu edad. Y si necesitas material de acampada, podemos ir un día de compras para que vayas bien equipada...

– PERMISIVIDAD | **PERMISIVIDAD +**

Padres autoritarios

De ninguna manera. No tienes ni idea de los peligros de esas salidas. No me hables más del asunto porque la respuesta es NO.

Padres negligentes

Por mí, puedes hacer lo que quieras... Además me viene fenomenal porque así descanso el fin de semana.

– APOYO EMOCIONAL

ZONA MÁS RECOMENDABLE

además del ejemplo indebido que ofrece el que disciplina a base de ordeno y mando.

Quizá el principio fundamental que debe recordarse es que la meta de cualquier acción disciplinaria no es meramente evitar ciertas conductas y promover otras. La meta es que el joven alcance la **autodisciplina**, que cuente con la motivación interna necesaria para guiar responsablemente su conducta y tomar decisiones independientes de sus padres.

Por tanto, el adolescente se beneficia de un control basado en el diálogo y en el ofrecimiento de varias opciones para que escoja entre ellas. La **motivación**, las **recompensas** materiales y sociales o el **ejemplo** apropiado constituyen las prácticas disciplinarias adecuadas para la mayoría de los adolescentes.

La aplicación del **castigo** *(«¡Hoy te quedas sin salir!»)* va perdiendo efectividad a medida que el adolescente crece. Sin embargo, el castigo como consecuencia natural de una conducta inapropiada sigue siendo válido. Por ejemplo, si al muchacho o la muchacha le sustraen la bicicleta por olvidarse de echar la cadena antirrobo, o si la biblioteca le pone una sanción por no devolver un libro a tiempo, está recibiendo un castigo apropiado. No puede echar a nadie

"Volar"... Es algo que seduce al adolescente. Y que no deben ignorar quienes lo rodean, recordando también que sigue necesitando seguridad y protección, aunque esta sea ejercida ya de un modo menos evidente. Las normas, pocas y claras, seguirán siendo precisas.

la culpa sino a sí mismo. Por supuesto, la última cosa que deberían hacer los padres es pagar la factura incondicionalmente.

La armonía matrimonial y el hijo adolescente

Conozco a un policía que desempeña su trabajo ofreciendo charlas en las escuelas sobre las consecuencias legales de los actos delictivos de niños y adolescentes. Por su especialidad profesional, visita los domicilios de menores que han cometido delitos. Lo hace con el fin de ofrecer consejo y evitar males mayores. Yo tenía curiosidad por saber de qué tipo de familia provenían estos muchachos. Notando mi interés se apresuró a decirme:

«Está muy claro. Generalmente me abre la puerta una mujer desarreglada que confirma ser la madre del muchacho. El padre no suele estar en casa. A veces, porque viene poco; otras, porque la madre vive con su novio, el cual cambia al cabo de unas pocas semanas. La vivienda suele estar sucia y desordenada. Las más de las veces no hay conciencia en la casa de dónde o con quién están los hijos... Lo que raramente veo es una familia con padre y madre en relación estable que vivan de manera permanente en un domicilio con sus hijos.»

En efecto, muchos de los consejos que en este libro se ofrecen devienen innecesarios cuando existe armonía y unidad entre los padres de niños y adolescentes. Es, por tanto, preciso que destaquemos el hecho de que antes de embarcarse en la tarea de guiar al adolescente, la **relación conyu-**

La armonía entre los padres, su unidad y compenetración, resulta un elemento clave en la sabia educación de los hijos y favorece la adecuada aproximación a su problemática en la edad adolescente.

gal debe ser razonablemente **sana** y la familia tiene que ser un ámbito, en general, atractivo.

Esta saludable unidad de los padres implica, por ejemplo, la conveniencia de **evitar las discusiones en presencia de los hijos**. Las decisiones paternas han de tomarse a dúo y, en caso de discrepancia, esta no debiera mostrarse a los hijos.

Y como fuente inagotable de armonía matrimonial y cohesión familiar, merece la pena recurrir a los principios de orden espiritual: la confianza en la **voluntad de Dios**. Nada tiene mayor valor educativo que dar a conocer, con cariño y convicción, las leyes del Creador del universo. «Acostumbra al niño al buen camino, y cuando envejezca no se apartará de él», dice un proverbio del sabio rey ***Salomón.***

Si toda esta filosofía no se observa, no debemos extrañarnos de que el adolescente busque exclusivamente fuentes externas de influencia. En cambio, si es atendida, las garantías de un **nuevo estilo de vida**, más constructivo y feliz, serán mucho mayores.

Visto desde el lado de los hijos

Evidentemente, lector o lectora adolescente, ya te habrás dado cuenta de que, aun en el supuesto de que tus padres, así como los demás mayores de tu entorno, se puedan considerar excelentes, e incluso modélicos, es difícil que sean capaces de aplicar todos nuestros consejos de modo completo y constante.

Aunque por la edad que tienes eres ante todo idealista, no puedes ignorar que las orientaciones que aquí damos tienen que ser aplicadas con sentido común, teniendo en cuenta las **circunstancias** particulares de cada caso, y asumidas por las dos partes –jóvenes y adultos–, si queremos obtener resultados prácticos. Y, en todo caso, no caigamos ninguna de ambas partes en el perfeccionismo de que si todo no se hace al ciento por ciento, no vale la pena hacer nada. Siempre se puede, y se debe, mejorar; pero en la vida, hemos de aprender a **conformarnos con *lo posible,*** no sea que, habiendo conseguido un buen porcentaje del ideal propuesto, sin embargo nos sintamos fracasados.

Ahora bien, insistimos en que, en una obra como PARA ADOLESCENTES Y PADRES, donde su título ya nos indica que no va solo dirigida a una parte de los implicados en el problema, no deseamos que nadie, incluyéndote a ti, joven lector o lectora, pueda pensar que la ***responsabilidad*** de unas buenas **relaciones entre jóvenes y mayores** recae exclusivamente sobre los adultos.

Además, y eso es justo, si tú esperas **comprensión** respecto de tus posiciones y **aceptación** de tus limitaciones y fallos, por parte de tus padres y maestros, *¿no crees que **ellos también necesitan que los comprendas, los aceptes, y les disculpes** sus inevitables errores, o lo que a ti te parece que haya sido un fallo suyo?*

Los mayores –padres, educadores, adultos en general–, por su experiencia y posición, es evidente que por lo general tienen en algunos aspectos mayor posibilidad de tomar la iniciativa. Eso no impide, sin embargo, que los adolescentes tengan una parte de responsabilidad... y que no puedan, y deban, tomar iniciativas.

Los ***"Pensándolo bien"*** que figuran al final de cada capítulo ya ponen de manifiesto que las dos partes tienen que reflexionar, y tomar actitudes positivas, para conseguir unas relaciones entre jóvenes y mayores lo más fluidas y armoniosas posible.

Ahora bien, igual que damos orientaciones a los padres para que comprendan a sus hijos y establezcan con ellos unas pautas de colaboración positivas, creemos que es justo y necesario que ofrezcamos unas orientaciones con el mismo propósito a los jóvenes.

Por eso en la página 74 el *"Para ti"* te sugiere ***"Como llevarse bien con los padres",*** que podrá ser mejor si conoces ***"Lo que esperan los adultos de ti"*** (pág. 76).

Así que tú, querido joven o señorita, que estás leyendo estas páginas, también tienes la oportunidad de **tomar la iniciativa** para que te entiendan, y te acepten mejor, procurando tú a la vez comprender mejor, y aceptar con toda tu generosidad, a los mayores.

Si todos ponemos de nuestra parte, iremos creando un ***nuevo estilo de vida*** que puede hacer un mundo mejor, y que sin duda hará tu familia y tu entorno más gratos.

EL CONSEJO DEL PSICÓLOGO

"Viajo mucho"

Soy padre de dos muchachos de 15 y 12 años. Mis negocios me obligan a viajar a menudo, así que paso fuera de casa muchos días del año. Por otra parte, mi esposa e hijos son muy importantes para mí. ¿Qué puedo hacer para compensar mis ausencias?

Puede usted hacer mucho. Hemos de distinguir entre cantidad y calidad en lo que se refiere al tiempo dedicado a los hijos. Hay padres que pasan en casa todo su tiempo libre, pero no se relacionan con sus hijos. No hacen nada en conjunto. No hablan más que lo imprescindible. Y es que, aunque se necesita una cantidad de tiempo, la calidad es lo más importante. Veamos algunas consideraciones que pueden resultarle útiles:

- **Informe a sus hijos de los pormenores de su trabajo**. Por ejemplo, antes de salir de viaje, explíqueles dónde estará y qué es lo que va a hacer. Si habla de ello de forma amena e incluso con humor, sus hijos se identificarán más con usted y comprenderán mejor las razones de su ausencia.
- **Busque el apoyo de su esposa**. La actitud de su esposa cuando esté sola con los muchachos es de mucha influencia. Si ella da muestras de insatisfacción constante, sus hijos imitarán esta actitud y juzgarán a su padre con dureza. Por tanto, es importante que enriquezca sus relaciones conyugales por el bien de ustedes y de sus hijos.
- **En su ausencia, comuníquese con su familia**. Hoy en día no hay excusa para no entrar en contacto con las personas en el momento en que uno quiera: teléfono móvil, fax, correo electrónico... Si usted usa tanto estos medios en su trabajo, ¿por qué no usarlos para fortalecer sus vínculos familiares? Unos minutos al teléfono o una nota cariñosa harán que ellos comprendan lo importante que es para usted la familia.
- **Al regreso, céntrese en su familia.** La vuelta a casa no es el momento para continuar el trabajo. A veces las circunstancias lo invitarán a estar con la mente en los negocios. Haga un esfuerzo para desentenderse de ello y disfrute de la compañía de los suyos. Lo ganará en salud y en satisfacción familiar.
- **Aproveche su presencia para organizar algo fuera de lo usual.** Un fin de semana diferente, una excursión, una salida deportiva, son ejemplos de las muchas actividades que pueden realizarse. Con frecuencia, proporcionan recuerdos inolvidables y fortalecen los vínculos entre padres e hijos.
- **Cuando esté en casa, ofrezca atención individualizada.** Aparte de hablar con la familia en general, pase algún tiempo con cada uno de sus hijos individualmente. Por ejemplo, un paseo, o una comida en un restaurante con uno de sus hijos. Interésese por sus estudios, por sus amigos, por sus problemas. Escúchelo con ganas. Déjele algún encargo para que lo cumpla durante su próxima ausencia. Así tendrá otro tema del que hablar cuando regrese.

Cuidado con cuidar demasiado

Mi marido me dice que sobreprotejo a nuestro hijo de 16 años. Hablando con una amiga y escuchando sus comentarios, me doy cuenta de que puede ser verdad. Sin embargo, yo quiero lo mejor para él. ¿Cómo puedo saber cuál es la postura más equilibrada?

Es muy fácil que los padres caigan en la sobreprotección de sus hijos. Y esto se observa más comúnmente en las madres. En efecto, el advenimiento de un recién nacido marca el principio de un proceso de muchos años. Este proceso comienza con la dependencia absoluta y acaba con la emancipación (ver gráfico en pág. 62). En medio quedan al menos dos décadas en las que se producen muchos cambios. Esos veinte años son de crecimiento continuo y exigen una revisión constante de la relación entre padres e hijos.

Es frecuente, y muy humano, que una madre, que ha visto crecer día a día a su hijo, se pueda quedar estancada en alguna etapa y acabe tratándolo como si fuera mucho más pequeño.

Hay madres que llevan a su hijo adolescente al médico y son ellas las que contestan a las preguntas sobre los síntomas del muchacho o muchacha. Hay padres de muchachos ya mayores que escogen su ropa, sus amigos, sus pasatiempos... Hay otros que excusan a sus hijos por su comportamiento equívoco. Suplen dinero para paliar los problemas creados por los hijos; ocultan lo indeseable de sus hijos y nunca les exigen responsabilidades por las consecuencias de su conducta. Esto puede llevar incluso a problemas con la justicia y el orden público.

Lo mejor que puede usted hacer es hablar con su hijo y, **sobre todo, escuchar** sus deseos y sus preferencias. A partir de ahí, alcancen **acuerdos** que satisfagan a ambas partes. Y recuerde que su **papel protector** va **en disminución** a medida que avanza el tiempo. Al final, usted tendrá que **respetar sus decisiones,** aunque sean diferentes que las que usted tomaría.

PARA TI

Cómo llevarse bien con los padres

Tus padres ya pasaron por la edad que tú atraviesas ahora. Ellos ya aprendieron mucho de lo que tú todavía estás aprendiendo. Limaron su carácter al contacto con la vida y adquirieron un saber estar que probablemente a ti todavía te falta.

Por eso, aunque te resulte paradójico, **les cuesta aceptar tus errores** y tus deslices más evidentes. Se dan cuenta de que tú tendrás que pasar por el mismo proceso que ellos. Quisieran llevarte a la meta de un empujón. De ahí que a veces se crispen contigo, en una actitud en la que se mezclan el amor y la impotencia.

En cualquier caso, quizá si tienes en cuenta lo que sigue, conseguirás facilitarles las cosas:

- Se puede **confiar** en tus padres, ¿no es cierto? Ellos te han alimentado, te han cuidado y te han traído hasta aquí, hasta el presente de tu adolescencia. Por eso ellos, más que nadie, **esperan tu respeto, tu gratitud y tu cariño**.
- Dices: «Definitivamente, no me comprenden.» Y tal vez no te falte razón: Ellos se encuentran en una fase vital distinta, con su propia problemática. Con todo, **también tú puedes intentar comprenderlos**. Acaso entonces descubras que te comprenden más de lo que te imaginabas.
- «Me trajeron al mundo sin consultarme.» Es verdad. (Por cierto, ¿se lo has agradecido alguna vez?) A ellos les ocurrió lo mismo. De cualquier modo, **mientras estés en su casa, ganarás mucho si respetas sus normas** en cuanto a horarios, conducta, dinero, etcétera. Así mitigarás su ansiedad por ti. Y tu autodisciplina, tan útil en tus años venideros, se verá acrecentada.
- Sé, pues, **rebelde con causa**. No saltes al más mínimo pretexto. Y si eres víctima de algún agravio, admite que no es mayor la injusticia por el hecho de que la recibas que cuando eres tú quien la comete. Aprende a distinguir entre lo leve y lo intolerable. E igual que te gusta que ellos pasen por alto algunas de tus manías, sé tú tolerante con las suyas. Cuando te acostumbres, tolerarás incluso que ellos no siempre te toleren a ti.
- **Ante todo, nunca los desafíes**. Son tus padres. Y es bueno que comprendas la necesidad que tienen de mantener el principio de autoridad paterno. Ellos quieren poder seguir haciendo cosas contigo: comunicarse, ayudarte, protegerte –ya de modo menos evidente, pues vas aprendiendo a vivir–. Pero para ello necesitan que sigas confiando en su experiencia, todavía mayor que la tuya. Por todo esto, sin perder tu espíritu crítico, harás bien si admites su preeminencia y no les das desaires.
- Estás en la edad de la amistad. Muy posiblemente, nada te apasione tanto como la relación con tus amigos y amigas. Con ellos te sientes en plano de igualdad, compartes intereses y aficiones. Pero **te equivocas si te dejas llevar demasiado por el grupo.** Tanto tú como ellos os encontráis en periodo de transición, con lo cual vues-

tra visión de la realidad puede ser cambiante. Así pues, aunque solo sea parcialmente, **toma en consideración el criterio de tus padres**.

- ¿Les pides alguna vez **consejo y orientación**? Si lo haces, notarás que vuestra relación se vuelve más estrecha. Y si no lo haces, ¿a qué esperas? Tal vez te parezca un tanto incómodo pero, ¿no es cierto que saben más que tú de un buen número de cosas?
- «**¿Saludar siempre...?** ¡Qué aburrido! Y además, ¿para qué?» Tienes razón: saludarlos con una sonrisa cada vez que llegas o te vas, desearles una jornada feliz o un buen apetito, resulta tedioso y rutinario..., sobre todo si lo haces pensando en ti. Pero **hazlo por ellos**. Además, ¡es tan fácil!
- A veces los manipulas... Sabes, o intuyes, que como te quieren tanto, si eres lo bastante listo te saldrás con la tuya. Cuanto más hacen por ti, cuanto más velan por tu vida, cuanto más te miman... tal vez sin darte cuenta menos los respetas. Pero "extorsionar" a quien te quiere no es un acto muy noble, ¿verdad? Más vale, entonces, que **no pretendas ganar siempre**.
- En ocasiones juzgas duramente a tus padres. Y no siempre te falta razón: a veces pueden haber actuado autoritariamente o incluso de forma injusta, y hay momentos en que llegas a creer que no te quieren de verdad. Eso puede desatar en ti un rechazo hacia ellos. Cuando te veas tentado a pensar así, será de utilidad que efectúes este ejercicio de imaginación: **se trata de ponerte en su lugar, con sus circunstancias y sus quebraderos de cabeza**. Seguro que después contemplarás la situación de una manera más realista.
- **Ayúdalos**. Tú **todavía** los necesitas, pero ellos, a medida que se hacen mayores, te necesitan a ti **cada vez más**. Colabora con ellos en casa. Bríndales el apoyo moral que esperan de ti. Que te vean alegre a su lado. Y no olvides que tienen derecho a sentirse orgullosos de sus hijos... Sí, por muy pronto que te decidas a ayudarlos, ellos siempre te llevarán la delantera.

- Por favor, **exprésales tu cariño**. Es decir, jamás pienses que ya los quieres bastante. ¿Es que han puesto ellos alguna vez un límite a su amor por ti?

Tal vez pienses que esto resulta unilateral. Pero, si examinas el resto del libro, comprobarás que a tus padres también les "damos" lo suyo.

En cualquier caso, que sea tu conciencia la que discierna. Y si, con todo, conservas alguna duda, ¿por qué no acudes a tu Padre celestial? Él, de un modo no menos constante que tus padres humanos, también vela por ti. Y también lo hace por ellos, a quienes tú estás aprendiendo a amar.

PARA TI

Lo que esperan de ti los adultos

La **sociedad** que a vosotros, jóvenes de hoy, los mayores van dejando en vuestras manos, resulta ciertamente **problemática**: hambre y guerras, frivolidad e injusticia. Pero es vano limitarse a llorar... En vez de ello, ¿por qué no te propones mejorar lo que tus mayores no han sabido, o podido, hacer bien?

Para ello, conviene empezar por reconocer que **también hay cosas bellas** e incluso pautas sociales que merecen conservarse. Por ejemplo, todavía es posible gozar de hermosos paisajes, y aún es habitual que los padres se preocupen por sus hijos, como en tu caso, ¿no es cierto?. Crece la conciencia ecológica y social, y existe la posibilidad de denunciar las injusticias, las cuales en ocasiones llegan a corregirse. Sí, todavía quedan muchos aspectos que permiten una **visión positiva** de la vida.

En todo caso, cuando los problemas son graves, lo que hace falta es gente imaginativa y entusiasta. El negativismo no haría sino agravarlos todavía más, ya que promueve las actitudes pesimistas, resignadas y pasivas. Por eso tu aportación resulta necesaria. Pero no se te pide que cambies el mundo. Se te pide que incorpores a él un individuo que engrose su lado bueno y contribuya a reducir su cara más negativa. **Ese individuo eres tú**.

Esto es lo que los adultos amantes del progreso genuino y liberador esperan de ti:

- **Que ames a tus padres con todas las consecuencias.** Si en un hogar no es posible la convivencia, ¿cómo va a serlo en toda la tierra?
- **Que respetes a tus profesores.** Enseñar no es fácil, sobre todo cuando se pretende que el alumno aprenda realmente. Se ha de captar su atención, resultar didáctico y, sobre todo, repetir una y otra vez –buscando nuevas palabras en cada caso– los contenidos de la materia en cuestión. ¿No crees que todo esto supone un esfuerzo digno de la mayor consideración? ¿Para qué complicar más la tarea del profesor mediante una conducta inadecuada? Si en un centro escolar no es posible convivir, ¿cómo va a serlo en toda la tierra?
- **Que tengas tu habitación limpia y ordenada.** Tal vez piensas que da lo mismo: «Yo soy quien va a ocuparla», dirás. Pero tus padres y las posibles visitas seguramente preferirán ver esmero y pulcritud. **Hazlo por ellos**. Si en una habitación no es posible conseguir el orden idóneo, ¿cómo va a serlo en toda la tierra?
- **Que confíes en tus mayores.** Les habrás oído decirte: «Algún día lo entenderás». Cuando escuchas eso, sientes que quieren que tomes una determinada decisión sin darte suficientes razones. Pero es que puede haber razones que solo podrá dártelas la propia experiencia vital. ¿Acaso ahora no sabes más de la vida que hace tan solo unos años? Si la juventud no puede encontrar gente mayor en quien confiar, ¿cómo va a ser posible que la confianza reine en la tierra?
- **Que seas ya un buen ciudadano.** Esfuérzate en el estudio. Aumenta y refina tu léxico. Haz uso de papeleras públicas. Respeta el mobiliario urbano (¡o rural!), las aulas de tus clases, los medios de transporte y el entorno ecológico. Si los adultos no te dan ejemplo, dáselo tú a ellos. Si no es posible que un joven sea un buen ciudadano, ¿cómo pretender que la tierra sea una buena "aldea global"?
- **Que cuides de los ancianos.** A tus abuelos, a los ancianitos de tu vecindario, invítalos, habla con ellos, ayúdalos en lo que puedas. Nunca habrás hecho una obra mejor. Lo mismo vale para **todo tipo de persona discapacitada o marginada, incluidos pobres e inmigrantes**. Nada le complace más al Creador que te observa desde el cielo.

Pensándolo bien

LOS JÓVENES

Sincerándote a solas

Pregunta: ¿Respetas a tus padres y reconoces todo lo que siempre han hecho por ti?

Respuesta:

P: ¿Comprendes que pueden saber más que tú porque han vivido más?

R:

P: ¿Te detienes a analizar las causas reales de desacuerdo con tus padres?

R:

P: ¿Consideras la posibilidad de que en alguna ocasión ellos tengan razón?

R:

P: ¿Te planteas la opción de pedirles consejo alguna vez?

R:

P: Procuras activamente mantener la comunicación con ellos?

R:

P: ¿Intentas ser consciente –aunque no puedas entenderlo del todo– de sus desvelos por ti?

R:

P: ¿Admites que en ocasiones mereces castigo?

R:

P: Piénsalo bien: ¿Te dejas llevar por tus amigos más que por tus padres?

R:

P: ¿Comprendes que es importante y legítimo que tus padres se puedan sentir orgullosos de ti?

R:

P: Conforme vas madurando, ¿te das cuenta de que ellos también te necesitan?

R:

P: ¿Te muestras, como ellos contigo, dispuesto/a a ayudarlos sin exigir nada a cambio?

R:

Reflexión final y conclusiones

LOS PADRES

Reflexionando con calma

Pregunta: ¿Escuchan ustedes a sus hijos incluso cuando no les apetece?

Respuesta:

P: ¿Les piden ustedes perdón a ellos alguna vez?

R:

P: ¿Les piden su opinión sobre temas que afectan a toda la familia?

R:

P: ¿Los regañan a menudo?

R:

P: ¿Son ustedes más bien "machacones" con sus consejos?

R:

P: ¿Les conceden demasiados caprichos?

R:

P: ¿Aceptan como normal un cierto grado de rebeldía en sus hijos adolescentes?

R:

P: ¿Les parecen sus hijos demasiado rebeldes? Si así es, ¿se han preguntado por qué?

R:

P: ¿Destacan ustedes sus cualidades positivas de forma concreta y explícita?

R:

P: ¿Mantienen, e incluso acentúan, el apoyo emocional a sus hijos en edad adolescente?

R:

P: ¿Respetan y estiman ustedes como algo natural su creciente autonomía afectiva y vital?

R:

P: Juzgan positivo que sus hijos vayan asumiendo nuevas responsabilidades?

R:

Reflexión final y conclusiones

4

El entorno extrafamiliar

Como un arroyo adquiere las propiedades del suelo por donde corre, los principios y hábitos de los jóvenes se tiñen invariablemente del carácter de las compañías que tratan.

ELLEN G. WHITE
Escritora norteamericana
1827-1915

ROBERTO tiene ahora 16 años. Hasta hace poco, su vida estaba centrada en torno a la familia. Él y su hermano pequeño acompañaban a sus padres para visitar a los parientes o dar un paseo. Asistían juntos a espectáculos o acontecimientos deportivos. Otras veces se quedaban todos en casa viendo la televisión o haciendo las tareas del hogar.

Sin embargo, ahora a Roberto se le ve muy poco por casa. Los días laborables, nada más terminar las clases, va a casa a dejar sus libros y sus cosas, y sale disparado por la puerta. Los sábados y los domingos no quiere saber nada de actividades familiares. Se ausenta en cuanto tiene ocasión.

Su nuevo mundo lo forman los amigos. No es cosa nueva, ya que siempre ha sido un muchacho sociable y ha tenido muchos amigos en la niñez. La diferencia es que ahora tiene pasión por ellos. Y si sus padres lo acosaran diciéndole que estu-

En el grupo el adolescente encuentra un ámbito natural donde desarrollarse... sin renunciar a su individualidad. Eso significa que nunca debiera abdicar de sus principios éticos y morales simplemente porque la mayoría va andando por una vía que no se sabe a qué "estación" lleva o que incluso por sí misma ya resulta peligrosa.

diara en vez de salir tanto, Roberto reaccionaría agresivamente y se formaría un altercado. Los padres han entendido que es un cambio que se espera del crecimiento emocional y social, y se lo toman con calma. Y es una buena actitud, pues la intimidación no funciona con la mayoría de los adolescentes.

Desafortunadamente, otros padres de jovencitos o muchachas de estas edades lo consideran como una afrenta personal. Piensan que su hijo es un rebelde y que ya no aprecia a sus padres. Miran a su descendencia con lástima y se sienten fracasados.

En efecto, mientras el mundo del niño está centrado en la familia, el adolescente tiende a instalarse en el mundo de los amigos, de la escuela y del barrio, como se puede ver en el gráfico ***"El mundo social del adolescente"***, en página siguiente.

Esta tendencia se debe a los **cambios psicológicos** que todos experimentan a esta edad, ya que buscan independizarse de la familia. Sin embargo, es demasiado pronto para la autonomía completa. Por ello, ensayan este anhelado privilegio pasando poco tiempo en casa y mucho fuera de ella. Esto no significa que la familia no sea importante para el adolescente. En el fondo, este sabe que la relación duradera y el apoyo incondicional vienen de la familia. De hecho, el énfasis en la relación con el grupo de amigos solo dura unos años. Más tarde, volverá a acercarse a la familia, especialmente después de haber formado la propia.

El adolescente y los amigos

El centro social del adolescente va desplazándose, pues, desde la familia hasta el grupo de amigos. En realidad el adolescente no abandona la familia, sino que mantiene ambos puntos de referencia. El grupo de amigos, sin embargo, adquiere ahora un lugar preeminente y puede llegar a ejercer más influencia que los propios padres.

Esto no tiene por qué ser negativo. Muchas agrupaciones juveniles ofrecen un medio en el que el muchacho o la jovencita se sienten a gusto, relajados, abiertos y libres.

Los **vínculos de amistad** son intensos en esta etapa. De hecho, se ha demostrado que los lazos de amistad establecidos en la

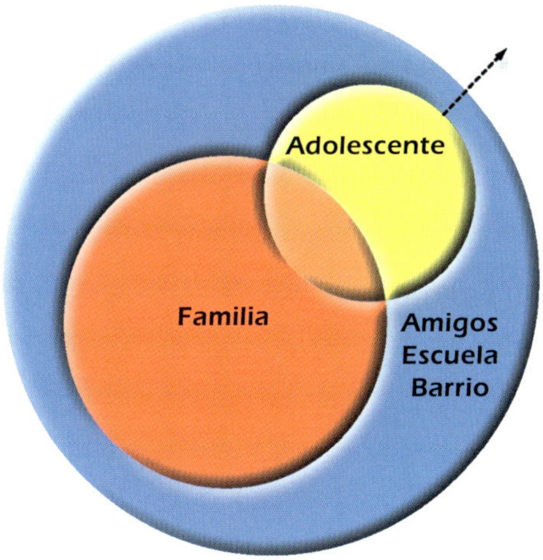

El mundo social del adolescente

El mundo social del niño, que comenzó inmerso en el de su familia, va desplazándose progresivamente hacia el exterior a través de las relaciones con los amigos, en la escuela y en el barrio. En la inmensa mayoría de los casos el adolescente desplaza su ámbito de intereses vitales hacia el entorno social inmediato, y pasa a desenvolverse mayormente en un área de acción e influencia mutua externa a la familia.

adolescencia cuentan con grandes probabilidades de durar toda la vida.

La amistad para los adolescentes –según ellos mismos– está entre las cosas más importantes de su mundo.

Las funciones del grupo

Los amigos son necesarios para el desarrollo equilibrado de los muchachos y muchachas. El grupo de adolescentes ejerce funciones específicas que contribuyen al desarrollo psicológico y social de los integrantes. He aquí las más importantes:

1. En el grupo el adolescente encuentra el medio en el que puede **compararse** con los demás. Los cambios físicos, intelectuales, emocionales y sociales se contrastan con los de sus amigos. El grupo, pues, marca un **punto de referencia** para el desarrollo general.
2. En el grupo el adolescente **aprende a relacionarse** con los demás. Esta destreza, básica para el ser humano, se afianza durante estos años, especialmente en el contexto de los demás muchachos y muchachas de su edad.
3. El grupo ofrece al adolescente un medio en el que los **valores y normas morales** van tomando forma y haciéndose propios. Hasta ahora, el adolescente se ha desenvuelto en el seno de la familia, donde se le han enseñado las creencias, normas e ideales de los padres. El hacerlos suyos es tarea difícil, pero el grupo puede ser un buen lugar para probarlos, contrastarlos y asimilarlos.
4. Cuando el adolescente sufre momentos de estrés (especialmente, los motivados por la crisis con su propia familia) el grupo sirve de **apoyo emocional**. Es el lugar en el que, entre bromas y juegos, o incluso en conversaciones más íntimas, el adolescente tiene la oportunidad de descargar la tensión.
5. El adolescente encuentra en el grupo un medio en el que aprende a **valorar con-**

Sometimiento al grupo

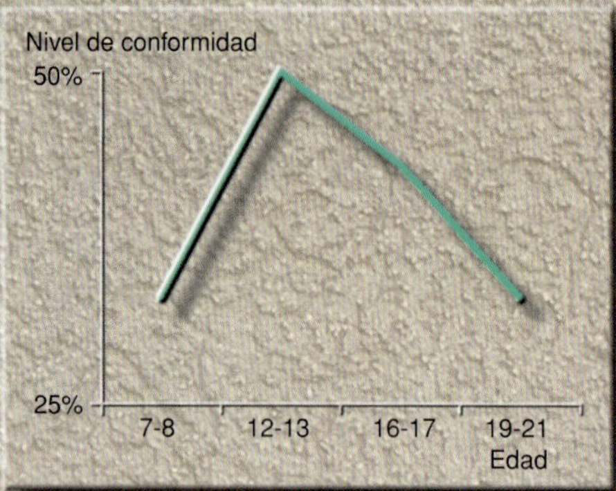

Según diversos estudios, la edad en la que los adolescentes están mejor dispuestos a someterse a la influencia del grupo es entre los 12 y los 13 años.

ceptos comunitarios como la solidaridad, la identificación con el grupo, la lealtad a un colectivo, el compañerismo y la competencia frente a otros grupos. Esto constituye un ensayo para el futuro, cuando estos mismos ideales pueden ser la base del ámbito laboral y social.

6. Finalmente, es en el grupo donde se ajusta el **autoconcepto.** Los integrantes de un grupo sano y equilibrado aprenden a estar satisfechos consigo mismos en el presente, aunque también consideran otras metas que alcanzar en el futuro.

Por supuesto, ciertos grupos pueden ejercer una influencia muy negativa, especialmente si los valores del grupo son antisociales. Al final del capítulo, sugerimos algunas directrices para una adecuada vinculación de grupo.

Hay ocasiones en las que el adolescente no logra integrarse en un grupo afín. En estos casos, puede surgir otro problema importante, que es la soledad (ver el cuadro de la página siguiente).

La formación del grupo

Está claro que los grupos humanos no se constituyen por puro azar. El refrán "Dios los cría y ellos se juntan" tiene una aplicación directa y clara en el caso del agrupamiento de los adolescentes.

En efecto, cuando analizamos desde el punto de vista sociológico un grupo estable de adolescentes –ya sean unisexual o mixto–, observaremos que prácticamente todos sus miembros provienen de una clase social similar, con una madurez social e intelectual parecida, viven en la misma zona, es posible que acudan al mismo centro escolar, y finalmente, sus valores y preferencias guardan una gran similitud.

Dependiendo de la edad de sus componentes, el grupo se va transformando y va pasando por unas etapas que suelen ser uniformes en casi todos los grupos de adolescentes.

- En una primera **etapa pregrupal** (en torno a los 11 o 12 años) el adolescente forma sus grupos con otros individuos del mismo sexo. No existen jerarquías conscientes (aunque sí encubiertas) y no se diferencian mucho de los grupos de niños más pequeños.
- A continuación, le sigue la **etapa unisexual**, en la que sus integrantes cuentan con unos 13 o 14 años. El grupo empieza a tomar formas más estructuradas, con un liderazgo más claro, pero aún integrado por miembros del mismo sexo. De hecho esta fase se caracteriza por un fuerte rechazo hacia el otro sexo.
- Con los signos más obvios del desarrollo se entra en la **etapa heterosexual** (a los 15-16 años). La atracción por el sexo

continúa en la página 84

PARA TI

La soledad de los adolescentes

Si te sientes solo y con la sensación de no tener éxito socialmente, no eres el único. El porcentaje de adolescentes que así se sienten oscila entre el 10% y el 50%. En la mayoría de los casos se trata de un problema evolutivo, que se resuelve por sí solo una vez que ha pasado la edad adolescente. De cualquier modo, es conveniente conocer el porqué de estos sentimientos y cómo vencerlos.

¿POR QUÉ LA SOLEDAD?

- **Por la inseguridad.** Es muy común que los jóvenes de 12 a 18 años se sientan inseguros y opten por un cierto aislamiento. Los sentimientos de inferioridad son propios de la adolescencia. Por ello, es probable que temas hacer el ridículo, que te critiquen, o ser diferente de los demás. Con el tiempo te irás sintiendo más a gusto con tu propia manera de ser.
- **Por falta de éxito en las relaciones.** Las relaciones amistosas de la niñez son diferentes de las de otras edades. Por ello, conforme te vas haciendo mayor, has de aprender a relacionarte como un adulto. Hoy sabemos que quienes en su conversación
  - ✔muestran poco interés por el otro,
  - ✔hablan mucho de sí mismos,
  - ✔mantienen opiniones negativas acerca de casi todo,
  - ✔permanecen mucho tiempo callados,
  - ✔no muestran emoción alguna cuando hablan,

  son mucho más proclives a la soledad.
- **Por falta de participación en los eventos sociales.** Las fiestas, deportes, reuniones, excursiones en grupo, proyectos de barrio, etcétera, son ocasiones ideales para adquirir habilidades sociales. Aprovecha todas las ocasiones que se te presenten de participar en ellas.
- **Por un proceso cognitivo erróneo.** Esto significa que cuando alguno de tus amigos bromea, tú te lo tomas siempre en serio. O que cuando suspendes una asignatura piensas: «No tengo remedio; soy un desastre...», en vez de buscar otras razones. Un concepto distorsionado o inadecuado de ti mismo puede ser una barrera importante en las relaciones.

¿QUÉ HACER?

- **Sé amable con los demás.** Muéstrales que los respetas y nunca los ridiculices. Ellos adoptarán esa actitud hacia ti.
- **Intenta ser positivo y estar de buen humor.** A nadie le gusta relacionarse con alguien que está siempre serio, o que constantemente habla de los aspectos insatisfactorios de la vida.
- **Interésate por los demás.** Aunque es aceptable hablar de ti y de tus cosas, mostrar interés por el otro es una forma excelente de trabar comunicación. Pregunta y escucha con atención.
- **Demuestra que sabes respetar la confidencialidad.** Cuando alguien te confíe sus problemas o asuntos delicados, no lo cuentes por ahí. Esto afianza la amistad.

Las etapas del desarrollo grupal

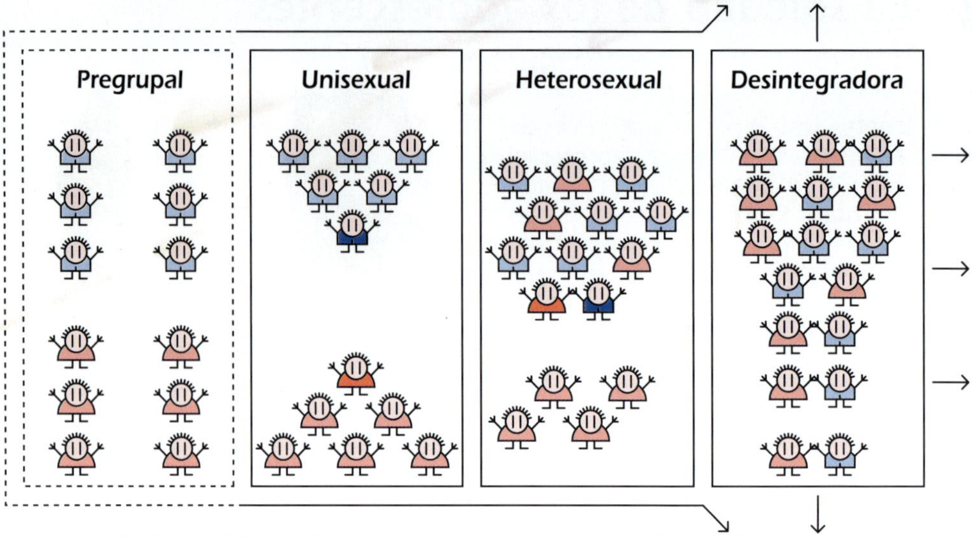

En la preadolescencia, prevalece la espontaneidad en las relaciones con el mismo sexo y no hay grupo ni liderazgo definido. Según transcurre la adolescencia, el grupo y la jerarquía se afirman, se abren al otro sexo y, finalmente, tienden a desintegrarse al aparecer las relaciones de pareja.

viene de la página 82

opuesto se acentúa y los grupos de varones comienzan a incorporar muchachas. Al principio solo los líderes y otros miembros prominentes se relacionan con ellas.

- Finalmente, en la **etapa desintegradora** (a partir de los 16 o 17 años), la relación amistosa entre ambos sexos se generaliza. Ciertas parejas empiezan a desmembrarse del grupo y establecer su propia relación independiente (ver cuadro superior).

La brecha generacional social

Ya se apuntaron en el capítulo anterior algunas características de la brecha generacional entre padres e hijos. Pero al observar los ámbitos sociales que rebasan el marco de la familia, nos daremos cuenta de que existen además otras diferencias entre la presente y las generaciones anteriores.

Pensemos, por ejemplo, en el problema del **desempleo juvenil**, particularmente en las sociedades actualmente desarrolladas. Los padres y abuelos de los adolescentes de hoy, aunque no gozaran inicialmente de un trabajo bien remunerado, sí podían obtener un empleo e integrarse en el mundo laboral. Y quienes no lo encontraban en su región o país de origen, lo acababan consiguiendo en la emigración. Además, en muchas empresas, resultaba de lo más natural que los empleados entraran en ellas como aprendices y permaneciesen allí hasta la jubilación.

Ni fumar ni beber resultan agradables al principio, pero el adolescente se esfuerza por conseguirlo en su afán por imitar al grupo o a las estrellas de los medios de comunicación. En concreto, los modelos mediáticos (deporte, música, cine, televisión) y las ofertas comerciales, determinan en alto grado las pautas de consumo. Y si hay una edad particularmente sensible a la publicidad y a las modas estéticas, esa es la adolescencia. Ello refleja el afán de distinguirse (marcar la propia identidad), y a la vez identificarse con el grupo. Las firmas comerciales lo saben y explotan al máximo el amplio mercado juvenil.

Por contra, los jóvenes de hoy tropiezan con obstáculos –a veces, inamovibles– incluso para empezar a trabajar "en lo que sea". Y aun aquellos afortunados que comienzan con buen pie, no cuentan con garantía alguna de continuar en el puesto a medio o largo plazo.

Otro ejemplo de transformación social que afecta a los proyectos de los adolescentes es el **cambio** en los **papeles** de **hombres y mujeres**. Las expectativas del pasado para la muchacha consistían en prepararse para ser esposa y madre. O, en el mejor de los casos, para iniciarla en profesiones consideradas femeninas (enfermera, maestra, secretaria...). Estas restricciones se han derrumbado por completo en muchos países, y hoy las jóvenes tienen un vasto abanico de opciones, así como un futuro más complejo que sus madres y abuelas.

Por su parte, los varones han de compartir cualquier oportunidad de trabajo con la otra mitad de la población, reduciéndose considerablemente su oportunidad de obtenerlo.

El impacto que los **medios de comunicación social** ejercen sobre la juventud de nuestros días carece de precedentes. La televisión, el cine, la música, los mensajes publicitarios, las redes informáticas, etcétera,

Los 'graffiti' que tanto abundan en algunas ciudades, aparte de otras consideraciones, son de algún modo el reflejo de la necesidad que tienen los jóvenes de expresar sus sentimientos e ideas, y sobre todo son una manifestación de una rebeldía o una protesta que no se han podido canalizar debidamente.

han alcanzado tal magnitud y complejidad, que queda todavía por conocer su verdadero efecto sobre los adolescentes.

Estos son algunos de los retos que la última generación tiene que afrontar. Es recomendable, por tanto, que las generaciones adultas estén al corriente de todas estas cuestiones para poder tender más y mejores puentes entre ellos mismos y los adolescentes de hoy.

La conducta antisocial

A veces, el grupo juvenil es un foco de problemas. Los integrantes llevan a cabo conductas indeseables e incluso ilegales: intimidación, vandalismo, robo, violencia, etcétera. Dada la fuerte influencia que el grupo llega a tener sobre los adolescentes, podemos encontrarnos con casos sorprendentes de muchachos que, habiendo sido ejemplares en la niñez, acaban en la delincuencia por la influencia del grupo.

Un fenómeno creciente en las grandes ciudades es la proliferación de las **"tribus urbanas".** En estos grupos coinciden la edad puberal/adolescente (con su adhesión a otros de su nivel) y la fuerza psicológica del agrupamiento. Con estas características, las tribus urbanas llegan a los extremos más insospechados de violencia contra las propiedades e incluso contra las personas. Este problema se acentúa al resultar imposible

«Aquí estoy yo.» Si ya de por sí la muchacha y el muchacho en edad adolescente tienden a mostrarse desafiantes, la influencia de las modas y modelos sociales, junto con las específicas condiciones económicas de cada momento, les inspiran estilos de vida que a menudo chocan con los de sus mayores y levantan una barrera generacional.

el control de estas pandillas con los medios policiales y legales disponibles, quedando impunes las más de las veces.

La **prevención** desde la infancia es, sin duda, la mejor arma contra esas situaciones límite. Y los padres de los niños y adolescentes pueden llevar a cabo dicha tarea preventiva con más éxito que ninguna otra fuerza social (ver el apartado ***"La postura de los padres ante el grupo"***, pág. 89).

En términos generales, hay una serie de **factores** que van asociados a la **conducta antisocial** en los jóvenes. El conocimiento de estos factores ofrece la ventaja de prevenir la influencia nefasta de un grupo negativo. Veámoslos:

- Existen conductas en la niñez que son frecuentes entre los futuros delincuentes: la **hiperactividad,** la **inquietud** y la **falta de atención**. También, los niños alborotadores y acusadores, parecen ser más proclives a caer en una conducta antisocial posterior.
- Hay además factores familiares que incrementan el riesgo de conductas antisociales. Son los casos de **padres alcohó-**

El natural afán por afirmar su personalidad, unido al resquebrajamiento de los valores tradicionales y a la problemática situación socioeconómica, genera entre los jóvenes fenómenos como el de las "tribus urbanas", que en ocasiones revisten marcados rasgos antisociales.

licos, padres con **conductas delictivas** y padres con sistemas de **disciplina demasiado severa,** demasiado **laxa** o **incoherente.** Los hogares rotos o los que cuentan con **relaciones conyugales problemáticas** también tienden a favorecer la conducta antisocial en el adolescente.

- Ciertos **factores escolares negativos** aparecen con más frecuencia entre los adolescentes problemáticos que en el resto de la población. Por ejemplo, bajo rendimiento académico, absentismo y dificultades en la relación con profesores y compañeros.

En términos generales, en los centros escolares de mejor calidad suelen darse los índices de conducta antisocial más bajos. En concreto, el buen estado de las instalaciones, la limpieza, el orden, la disponibilidad de los maestros y la valoración de la buena conducta, han sido identificados como una salvaguardia frente a la conducta delictiva.

Por último, existen importantes **diferencias sexuales**: los varones inciden entre dos y tres veces más que las muchachas en las conductas antisociales. Y además, ellos muestran los primeros síntomas a una edad mucho más temprana que las muchachas.

Diversos estudios han puesto de manifiesto que una buena orientación en las técnicas de **interrelación social** puede aportar diferencias significativas tanto en la prevención como en el tratamiento de la conducta antisocial de la adolescencia. Dado que esta conducta generalmente surge en el grupo, la acción se centra en torno a las relaciones.

Por consiguiente, el adolescente necesita aprender a:

- Iniciar conversaciones de forma positiva y adquirir una buena capacidad de **comunicación.**
- Utilizar la **asertividad*,** en vez de la agresividad o la pasividad, cuando no esté de acuerdo en algún punto.
- Adherirse a **actividades grupales** de forma satisfactoria.
- **Resolver los problemas de relación** de manera **constructiva**.

Haciendo esto, el grupo será para el adolescente una fuente de influencia positiva. Primero, porque con su actitud evitará la adhesión a un grupo negativo, y segundo, porque una vez integrado en el grupo, sabrá relacionarse de forma enriquecedora tanto para los demás integrantes como para sí mismo.

* Ver en la obra de esta misma serie NUEVO ESTILO DE VIDA, *Sin estrés*, página 84, cómo define la 'asertividad' el propio Dr. Julián Melgosa.

La postura de los padres ante el grupo

Los padres siguen siendo una fuente de influencia en sus hijos adolescentes. Es posible que esta influencia no sea tan clara como lo era en el pasado, pero, como ya se ha indicado, el adolescente conserva el respeto hacia sus padres aun cuando no lo reconozca abiertamente.

¿Cómo pueden, entonces, los padres ayudar a sus hijos a obtener el beneficio máximo del grupo sin absorber sus influencias adversas?

En primer lugar, los padres necesitan **comprender** la **naturaleza *normal*** del **grupo** como **fuente de presión**.

Para el adolescente es ***muy importante* que lo acepten** sus amigos; más incluso que los propios padres. El adolescente desea ser igual que los componentes del grupo. Es la actitud que algunos han llamado "del camaleón". Si los padres entienden este factor, podrán apoyar mucho mejor a sus hijos, desechando sentimientos de celos y de rivalidad hacia el grupo.

En su empeño por ser igual que el grupo, el adolescente adopta lo que se ha llamado la "actitud del camaleón"

Por otra parte, el joven tiende a escoger un grupo negativo cuando tiene un **concepto pobre de sí mismo**. De forma inconsciente piensa que quizá allí será alguien notable y podrá destacar en algo, aunque sea realizando actos socialmente nocivos o dañinos. Por esta razón, los padres deben **enfatizar** las **cualidades positivas** de su **hijo** adolescente, aceptándolo incondicionalmente.

Cuando los muchachos y muchachas están satisfechos consigo mismos, mantienen sus cualidades y valores sin ceder a los del grupo.

También los **padres** deben **examinar** su propia **conducta**. El adolescente es especialmente sensible a la inconsecuencia. Y cuando los padres exaltan valores de veracidad, respeto mutuo, orden, civismo, etcétera, tienen que ajustarse al máximo a esos ideales. Si no lo hacen, el adolescente perderá el respeto por esos padres que "predican" mucho, pero que no ponen en práctica la teoría.

Otra línea de acción por parte de los padres es **su influencia sobre** quienes serán los **amigos de su hijo**. Esta influencia debe iniciarse antes de la adolescencia. Los padres siempre pueden conocer las opciones de amistades y grupos e influir en la elección de los mismos. Una vez acostumbrado el niño a tratar con un tipo aceptable de amistades, en la etapa adolescente escogerá la asociación con jóvenes similares.

Los grupos que desarrollan **actividades deportivas** y otras **de tipo recreativo** en medio de la **naturaleza**, cumplen una doble función de promover la salud física y la habilidad de relacionarse con las demás personas. Sería bueno iniciar a los hijos desde niños en estas actividades a fin de que desarrollen una actitud positiva hacia ellas.

continúa en la página 91

Modas y tendencias

Culto al cuerpo: La dictadura de la moda ya no solo exige vestir de una determinada manera para quedar bien, sino lucir una imagen anatómica muy concreta, regida por cánones estrictos.

Es en los **gimnasios** (de 'aerobic', culturismo, artes marciales...) donde se forja esa figura estética. Las discotecas , las piscinas y las playas son los escenarios donde se exhiben los "trofeos" duramente conseguidos: un cuerpo bien cincelado, unos músculos poderosos. Y los deportistas, 'top models', 'místers universo' y similares, son los ídolos de nuestro tiempo...

En medio de esta nueva "mitología", muchos adolescentes sufren ansiedad y frustraciones, cuando no males mayores como la bulimia y la anorexia (ver cuadro págs. 102-103).

Empleo del ocio: La música **'pop'**, con sus variantes y modas aparejadas, sigue siendo un referente destacado en el estilo de vida adolescente, llegando en muchos casos a conformar una filosofía de la vida. Desde los diversos tipos de 'rock' hasta los ritmos simples y machacones de hoy ("bakalao", 'acid music'), pasando por toda una constelación de géneros de música y baile ('tecno', 'disco', 'rap', 'break', etc.), los jóvenes de hoy disponen de una amplia oferta, a la que se suman las melodías 'New Age' (Nueva Era), contrapunto de las tendencias más ruidosas.

Pero la reina del ocio adolescente es la **televisión**. Los índices de teleadicción juvenil resultan realmente preocupantes. Conocida es, por otra parte, la influencia en los estilos de vida juveniles de series y telefilmes.

La gran perjudicada es la **lectura**. En la culta Francia un 72% de los muchachos y un 59% de las muchachas no leen nunca o lo hacen raramente. Entre los hispánicos los índices son aún más pobres. El **cine**, en cambio, parece superar una larga crisis. Adaptándose a los tiempos, se ha concentrado en el segmento adolescente. Su influencia es grande y, en muchos casos, negativa, por el tipo de héroes que propone, a menudo violentos. En todo caso, en los países europeos, la asistencia a las salas cinematográficas crece con el nivel de estudios.

Violencia: Las causas del aumento de las actitudes violentas en los adolescentes, especialmente urbanos, son variadas. Las bolsas de **marginalidad** que, lejos de reducirse, se incrementan en muchas grandes ciudades, son fuente conocida de problemas sociales, a menudo expresados por la vía del delito y la violencia.

Los mencionados modelos televisivos y cinematográficos tienen también sus efectos. Muchas veces, la televisión y el cine no influyen tanto creando nuevos tipos sociales, nuevas poses y actitudes, como difundiendo y popularizando las que ya están en la calle. El resto lo hace la **imitación** de los espectadores más tiernos.

En los centros educativos, la **conflictividad** es creciente. El informe 'Francoscopie 1995' señala que en Francia «la violencia escolar se ha convertido en una verdadera plaga.» En el Reino Unido, según datos de la Universidad de Exeter, uno de cada cuatro alumnos de entre 11 y 16 años porta armas blancas en las escuelas. Fenómenos similares se dan en los Estados Unidos. En España, en los últimos cursos de enseñanza primaria, un 22% de los alumnos de entre 10 y 13 años se sienten frecuentemente maltratados por sus compañeros.

Los adolescentes siempre han sido sensibles a las cuestiones de orden estético y social, demostrando capacidad innovadora. No obstante –como refleja este cuadro– en el momento presente son a menudo las actitudes acríticas y de imitación las que prevalecen entre ellos, con unos resultados que justifican la necesidad de optar por un nuevo estilo de vida.

Los seres humanos somos sociables, y por eso tendemos a pertenecer de forma natural, o bien por elección, a diversos grupos. Precisamente en la adolescencia, cuando cada cual está constituyendo su propio ámbito de desarrollo personal, el grupo tiene la máxima importancia y una gran influencia sobre el individuo. De ahí la necesidad de que todo joven sea cuidadoso a la hora de elegir los grupos donde se integra, y de siempre estar alerta para conservar su individualidad.

viene de la página 89

El adolescente necesita que sus padres le proporcionen cierta medida de **estructura** y de **control** aunque sin atosigar. Un estudio de ***Steinberg,*** en el que participaron cerca de mil adolescentes, puso de manifiesto que cuando los padres sugieren un plan de acción y lo supervisan, el joven es mucho menos susceptible a la presión del grupo.

Steinberg estudió muchachos y muchachas que, por razones del trabajo de sus padres, tenían que permanecer solos en casa. Cuando uno de los progenitores había dado indicaciones claras de lo que tenían que hacer y estaba en contacto por teléfono, los hijos corrían un riesgo ínfimo de caer bajo la influencia del grupo. Por el contrario, los padres que habían dejado a sus hijos organizar su propio tiempo en su ausencia, contaban con el mayor riesgo de ser negativamente influidos por el grupo.

Finalmente, los padres deben **asegurarse** de que el hijo esté equipado con una **escala de valores** y una **moralidad de-**

Con frecuencia, más que incomunicación, lo que reina entre adultos y jóvenes es una cierta incomprensión. Un adecuado planteamiento por parte de los adultos puede favorecer el acercamiento. Y desde luego, igual que dos no pelean si uno no quiere, dos interlocutores tampoco se pueden llegar a comprender, aceptar, y establecer una buena comunicación, si ambos no ponen algo de su parte. Así que es bueno que los padres tengan una buena disposición hacia los hijos... y no menos importante que los hijos la tengan hacia sus progenitores.

finida ya desde la **preadolescencia**. De esta forma, la selección del grupo será mucho más acertada, tendiendo el adolescente a escoger sus amigos de acuerdo con sus **principios**. Y en cualquier caso, cuando se le sugieran conductas inaceptables, como el hurto o el vandalismo, el muchacho contará con más fuerza para resistirse a ellas. En este caso, se habrá conseguido una decisión no impuesta por los padres sino producto de la madurez y la autodeterminación del joven.

Pensándolo bien

LOS JÓVENES

Sincerándote a solas

Pregunta: ¿Te encuentras a gusto en tu grupo de amigos y compañeros?

Respuesta:

P: ¿Fue tuya la decisión de entrar en él o, al menos, fue un acto consciente?

R:

P: Si no perteneces a ningún grupo, ¿a qué crees que se puede deber?

R:

P: De ser así, ¿te sientes solo/sola?

R:

P: En todo caso, ¿has probado a interesarte realmente por los demás?

R:

P: ¿Tienes problemas de timidez?

R:

P: ¿Hablas demasiado de ti mismo/misma? ¿O quizá eres demasiado callado/callada?

R:

P: ¿Sueles hablar más de lo negativo que de lo positivo?

R:

P: ¿Qué es para ti la amistad? ¿Tienes algún amigo/amiga que te sirva de confidente en los malos momentos?

R:

P: ¿Crees que te puedes comunicar aceptablemente con los adultos?

R:

P: ¿Qué impresión tienes acerca de la influencia de los medios de comuniación?

R:

P: Tu ropa y calzado, ¿lo escoges por la marca, o porque te gusta y crees que te sienta bien?

R:

Reflexión final y conclusiones

LOS PADRES

Reflexionando con calma

Pregunta: ¿Les parecen extravagantes la actitud y la conducta de sus hijos adolescentes?

Respuesta:

P: ¿Conocen ustedes los grupos de amigos/amigas de sus hijos y el tipo de ambientes que frecuentan? ¿Les parecen positivos?

R:

P: ¿Tienen la sensación de que sus hijos abandonan la familia por sus amigos/amigas?

R:

P: ¿Son ustedes drásticos en el control de las salidas de sus hijos? ¿O demasiado permisivos?

R:

P: ¿Comprenden la importancia de las relaciones sociales de sus hijos para el desarrollo de su autoestima?

R:

P: ¿Sus hijos llevan una vida social adecuada o les parecen demasiado solitarios?

R:

P: ¿Entienden que sus hijos son: **a)** precoces, **b)** normales, **c)** tardíos, en su relación con el otro sexo?

R:

P: ¿Han observado alguna tendencia antisocial en la conducta de sus hijos? Y en caso afirmativo, ¿a qué la atribuyen?

R:

P: ¿Se han planteado ustedes la influencia de la televisión, cine, publicidad y otros medios sobre sus hijos?

R:

P: ¿Comprueban si sus hijos avanzan hacia su emancipación personal progresiva?

R:

Reflexión final y conclusiones

5

Personalidad, emociones y afectividad

Lo mejor que se puede hacer por los jóvenes es escucharlos.

GEORGES DUHAMEL
Escritor francés
1884-1966

Es necesario que algún ser del mundo sepa más o menos quién somos, y, a pesar de todo, nos ame.

FRANÇOIS MAURIAC
Escritor francés
1885-1970

ELENA, a sus 21 años recién cumplidos, está empezando segundo curso de Ciencias empresariales. Es un logro considerable, si tenemos en cuenta que es la tercera carrera universitaria que empieza.

Estudió un año de Biología y otro de Psicología. Naturalmente, sus padres están preocupados; pero, cuando la ven entusiasmada con la nueva opción, recobran sus esperanzas y confían en que esta vez sí continuará.

Su problema no es de capacidad mental. Siempre ha sido una alumna brillante, con notas muy altas en primaria y en secundaria. En realidad, las dos carreras anteriores las empezó con muy buen pie. Simplemente, se lo piensa mucho y decide: «Esto no es lo mío». La pobre está muy confundida.

Además, está saliendo con Armando, un joven con muchas cualidades positivas; sin embargo, aunque ella misma no lo entiende, le gusta Ricardo, con quien estuvo saliendo hace dos años.

Su madre se repite: «Mi hija ha perdido la cabeza...»

Como Elena, muchos jóvenes suelen ajustarse a la categoría que suele definirse con aquello de "No sabe lo que quiere".

Con mayor o menor turbulencia, al cruzar el puente niño-adulto los jóvenes muestran cambios en su personalidad, sus emociones tienden a intensificarse y la afectividad sufre variaciones.

Una personalidad muy suya

David Elkind, especialista en los problemas de la adolescencia, en su libro *All grown up and no place to go* (Mayor, pero sin saber hacia donde ir), analiza una serie de **rasgos típicos** de la adolescencia. De ellos enumeramos los más significativos:

- **El adolescente se enfrenta al mundo adulto.** El respeto y admiración que los niños sentían hacia los padres, los maestros y los adultos en general, se desvanecen, y, en su lugar, surge una actitud **desafiante.** Las imperfecciones de los que una vez consideró infalibles, aparecen ahora obvias en contraste con las elevadas expectativas del adolescente.
- **El adolescente es argumentador.** La nueva capacidad mental que aparece con el crecimiento faculta al joven para presentar argumentos lógicos y rebatir con éxito al contrario. Este **progreso intelectual** con frecuencia no gusta a los padres, por verse ahora privados de la facilidad de persuadir a sus hijos.
- **La adolescencia es un periodo de "alta sensibilidad".** Los muchachos tienden a interpretar una conversación en voz baja como evidencia de que hablan de ellos o están tramando algún plan contra ellos. Esta actitud suspicaz con frecuencia se dirige hacia los padres, pero también se hace extensible a otros familiares y compañeros. Cuando este rasgo se presenta acentuado, el riesgo de deterioro de las relaciones es grande.
- **El adolescente no posee un concepto suficientemente real de sí mismo.** Cuando el adolescente hace un análisis de sí mismo, en algunos momentos se ve **muy seguro** y lleno de cualidades. Sin embargo, más ***frecuentemente* tiende a sentirse inferior.** Estos rasgos no se limitan a las aptitudes. Algunos adolescentes se consideran con más fuerza de voluntad o autocontrol que el promedio de la gente joven, lo cual puede resultar peligroso. Así, por ejemplo, hay muchachos que manifiestan temerariamente ante un ofrecimiento de una droga: «Yo puedo probarla, porque, desde luego, no me voy a enganchar... A otros les puede pasar... pero a mí, ¡qué va!» O muchachas que, an-

te situaciones o prácticas de riesgo, afirman: «¿Quedarme yo embarazada? Imposible. A mí eso no me pasa.»

- **El adolescente a veces ofrece una imagen inconsistente.** Como siente tanta pasión por sus ideales, su postura tiende al extremo. Esto hace que quienes lo observen adviertan ***aparentes* incoherencias.** Por ejemplo, una muchacha pacifista se manifiesta en contra de la violencia tan radicalmente que llega a usar la propia violencia en contra de las fuerzas del orden.

Estos rasgos típicos de la adolescencia, además de los mencionados en el primer capítulo (ver págs. 25-27), lo normal es que se vayan atemperando con el paso de los años. Entre tanto, para poder apoyar más eficazmente a los adolescentes, hemos de empezar conociendo bien la evolución de su personalidad.

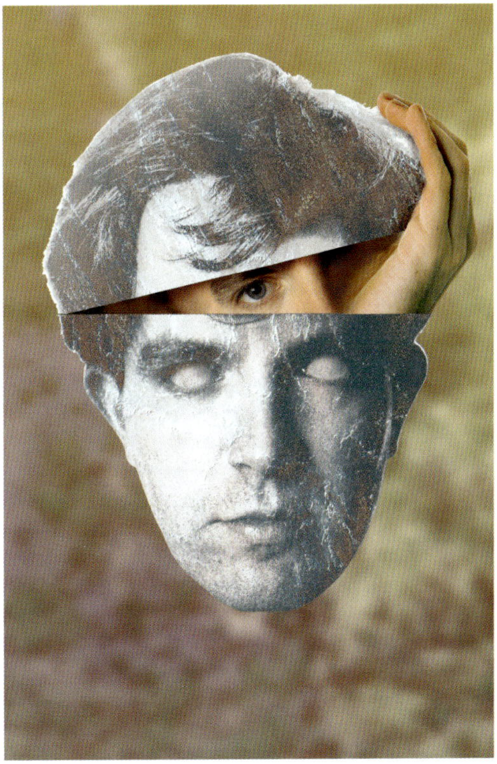

«¿Pasó el peligro?» El adolescente, agazapado dentro de sí, se encuentra en proceso de búsqueda de su propia identidad. El mundo exterior se le presenta lleno de retos y, para ahorrarse problemas y dificultades, se lo piensa mucho antes de enfrentarse con él.

Buscándose a sí mismo

Para algunos psicólogos, la crisis más aguda y generalizada de la experiencia psicológica del ser humano es la búsqueda de la identidad en la adolescencia. A lo largo de su vida de observación e investigación, el psicólogo danés ***Erik Erikson*** (1902-1994) hizo la aportación más importante al estudio de la identidad en la adolescencia. La expresión **'crisis de identidad'**, acuñada por Erikson, forma parte del lenguaje psicológico habitual, gracias a sus múltiples estudios y los de muchos investigadores que han continuado en esa dirección.

Tras el análisis de casos provenientes de diversos medios sociales, Erikson observó que el ser humano sigue un **patrón de desarrollo** a través de su existencia. De esta manera, se identifican ocho etapas que representan otros tantos momentos críticos en la evolución psicológica por los que prácticamente todos pasamos (ver cuadro, págs. 98-99).

La crisis de identidad aparece como la crisis más crucial. Una solución adecuada de este reto juvenil es un paso definitivo para el ajuste personal y social futuro.

Los aspectos fundamentales de la identidad son: el vocacional, el sexual y el ideológico. En estos tres ámbitos, el adolescente trata de contestar a ciertas preguntas:

¿Quién soy?

¿Qué papel voy a tener en la sociedad?

¿Soy ya un hombre? ¿Soy ya una mujer?

¿Cuáles son mis creencias?

¿Qué es lo más importante en la vida?

continúa en la página 100

LAS ETAPAS
DEL
DESARROLLO PSICOSOCIAL
según Erik Erikson

1. Etapa oral-sensorial
0-2 años

+ Confianza El lactante desarrolla confianza si cuenta con **cuidados** higiénicos y alimentarios, aparte del **amor y calor** humanos.

– Desconfianza El **maltrato** o la privación de afecto en la primera infancia amenaza con llevar al bebé a ser una persona **desconfiada y recelosa.**

2. Etapa anal-muscular
2-3 años

+ Autonomía El niño se hace **autónomo** en su cuidado personal, incluyendo el control de los esfínteres. También explora el entorno físico y reafirma su autonomía.

– Inseguridad Al relegar al niño a **espacios** físicos **limitados** o al imponerle muchas **prohibiciones,** se contribuye a una **personalidad insegura.**

3. Etapa motriz-digital
3-6 años

+ Iniciativa Probada la autonomía física, el niño necesita **demostrar su iniciativa** en el juego y en el trato con sus amiguitos. El niño ahora inicia sus actividades.

– Culpabilidad Si el entorno es **excesivamente estricto e inflexible,** el niño puede adquirir **sentimientos de culpa** indeseables.

4. Etapa de latencia
6-12 años

+ Laboriosidad En el ámbito escolar el niño debe aprender **hábitos de trabajo y estudio,** adquiriendo así sentido de la **responsabilidad.**

– Inferioridad Cuando no hay productividad o **reconocimiento** de los **progresos** realizados, se tiende a experimentar **complejos de inferioridad.**

5. Pubertad y adolescencia
12-18 años

+ Identidad El adolescente **busca su propia identidad** separada de la de sus padres o de las tradiciones sociales.

– Desorientación El fracaso en la búsqueda de la identidad trae consigo **confusión y desorientación** en sus creencias, ideas, sexualidad y vocación.

6. Etapa de juventud

+ Intimidad La **relación íntima** entre un hombre y una mujer lleva a la adquisición de **confianza y desarrollo mutuos.**

– Aislamiento El **fracaso** en las relaciones interpersonales puede dar lugar al **aislamiento.**

7. Etapa de adultez

+ Aportación El adulto experimenta un **sentido de aportación a la sociedad** con su trabajo o con la educación de los hijos.

– Estancamiento La no obtención de este sentido lleva a la persona a una sensación de **estancamiento.**

8. Etapa de madurez

+ Integridad La persona mayor, ya jubilada, **acepta positivamente la vida** que deja atrás y se enfrenta dignamente a los últimos días de su vida y a la muerte.

– Desesperación La falta de solución a esta crisis produce ancianos insatisfechos y desesperados ante la proximidad del fin de sus días.

Una de las tareas básicas de la etapa adolescente (en el cuadro, con fondo azul) **es la búsqueda de la identidad. Dependiendo de las fases previas, la crisis de identidad de los jóvenes será resuelta con mayor o menor dificultad. De igual manera, la resolución de esta crisis contribuye al éxito de las etapas posteriores.**

Junto a la más desbordante y entusiástica vitalidad, en la etapa adolescente se dan periodos más o menos prolongados de melancolía y ensimismamiento. Se está formando el autoconcepto y es normal que haya crisis de identidad.

viene de la página 97

¿Cuál es el propósito de mi existencia?

La búsqueda de la **identidad vocacional** es especialmente difícil en una sociedad como la nuestra en la que hay tanta variedad de profesiones y especialidades. Además, está el problema del desempleo. El joven, por tanto, necesita el apoyo de los padres, de los orientadores, de los profesores y, en general, del mundo adulto a la hora de ejercer su elección.

En el capítulo 2 (ver especialmente págs. 49-54) hemos analizado algunos problemas y soluciones acerca de la **vocación** del adolescente.

La **identidad sexual**, que lleva a identificarse con el mundo adulto, masculino o femenino según corresponda, también acarrea problemas a numerosos muchachos y muchachas. El adolescente toma conciencia de estar entrando en la comunidad de los varones o de las mujeres. Esto tiene claras e importantes implicaciones en las relaciones personales y en el ámbito profesional.

Quizá esta crisis sea más difícil para las muchachas de hoy debido al gigantesco cambio que nuestra sociedad está experimentando, que va dejando de ser predominantemente machista para ser una sociedad con mayor equilibrio entre los dos sexos.

Por su parte, el joven también ve, en alguna medida, incrementada su dificultad por tener que competir con un gran número de mujeres que desean legítimamente alcanzar puestos profesionales de relevancia.

Por último, la **identidad ideológica** es otro de los dilemas que el adolescente tiene que afrontar. El joven no puede continuar aceptando ciegamente la ideología de los padres o de los adultos influyentes. Ahora necesita explorar por sí mismo y aceptar, rechazar o modificar los valores de su familia, de su iglesia o de su comunidad. Tiene que llegar a una convicción personal de sus creencias y convicciones o de su ideología.

El autoconcepto

Es bastante común observar sentimientos de inadecuación en los adolescentes.

El autor de este libro ha tenido ocasión de encontrar muchachas de peso normal que aseguraban "estar gordas", inteligentes que creían ser las más torpes, muchachos atractivos que se creían los más feos, normales para su desarrollo que pensaban que nunca se harían hombres... En general, jóvenes de ambos sexos con un amplio repertorio de virtudes que se sentían inferiores.

En efecto, la **autoestima** es un aspecto particularmente delicado en la adolescencia.

«Ellos sí me comprenden.» Sentirse comprendido es esencial para gozar de una autoestima saludable. Entre sus iguales (amigos y compañeros) el adolescente lo encuentra más fácil, pues con ellos puede desarrollar una relación libre y espontánea. Ahora bien, el adolescente, nunca debiera olvidar que sus mayores también intentan comprenderlo; porque lo aman, y además seguramente pasaron en su momento por situaciones similares.

Todas las variaciones que tienen lugar acaban transformando al individuo de un modo u otro. Al final, lo ideal sería que el resultado fuese del gusto del interesado. Pero, como queda dicho, con frecuencia no lo es.

¿Cuáles son los factores que hacen al adolescente más susceptible de sufrir de una autoestima pobre?

Según estudios hechos a grandes grupos de adolescentes, las siguientes **condiciones** son fuentes de **sentimientos de inseguridad:**

1. **Desarrollo tardío.** Es de suma importancia para la autoestima del adolescente de ambos sexos constatar que los signos de desarrollo –físico, especialmente– aparecen más o menos a tiempo. Poco puede hacerse para controlar el ritmo de desarrollo, pero sí podemos aclarar al joven o a la muchacha que dicho ritmo no es el mismo en todos los casos. También hemos de estar alerta, pues, cuando la irregularidad alcanza límites patológicos, el médico puede prescribir el tratamiento hormonal correspondiente.
2. **Atractivo físico.** Los jóvenes y adolescentes sitúan el atractivo físico en uno de los primeros puestos de su escala de valores. El adolescente que no se considera lo suficientemente atractivo refleja en su conducta la consiguiente insatisfacción. Desafortunadamente, este desajuste puede llegar a ocasionar patologías importantes en la conducta, como son los casos de anorexia o bulimia (ver cuadro de las dos páginas siguientes).
3. **Clase social de la familia.** Los muchachos y muchachas que provienen de familias de clase social baja o con recursos económicos escasos, son más propensos a tener un concepto pobre de sí mismos. En efecto, los más acomodados pueden adquirir ropa de última moda u objetos deseados por la juventud (aparatos electrónicos, motocicleta, etc.), todo lo cual no es fácil que esté al alcance de otros grupos sociales. En cualquier caso, es preciso señalar –como se ha hecho en el capítulo anterior– que los adolescentes tienden a **agruparse por clases** sociales, lo cual amortigua los efectos negativos sobre los de menores recursos económicos.

continúa en la página 104

Anorexia

A los 17 años, Paula empezó a seguir una dieta y a perder peso de manera exagerada.

A la escasa ingesta de alimentos añadía dos o tres horas diarias de ejercicio físico y tomaba laxantes regularmente.

En unos cuantos meses pasó de pesar 55 a 40 kilos escasos. Dejó de menstruar y entró en una etapa de debilitamiento general, lo cual alarmó a su familia.

Nadie logró convencerla para que alcanzase su peso normal. Paula se negaba a alimentarse normalmente y seguía hablando de perder un poquito más de peso.

Finalmente, un día que se desmayó fue ingresada en un hospital en donde la diagnosticaron anorexia nerviosa.

Después de bastantes meses de tratamiento médico y psicológico logró volver a una vida normal.

¿Qué es la anorexia?

La anorexia nerviosa es un trastorno mucho más frecuente en las **mujeres** que en los varones y suele manifestarse hacia el final de la adolescencia. Se caracteriza por un deseo intenso de adelgazar. Esto se traduce en dietas y ejercicio físico hasta llegar a un peso notablemente inferior al normal. A su vez, va acompañado de un **temor irracional a la obesidad**, una distorsión de la percepción del propio cuerpo y la amenorrea en las pacientes.

En los países industrializados está creciendo alarmantemente. Se cree que la imagen de delgadez que exaltan los medios de comunicación –sobre todo la publicidad–, junto con la cultura de la dieta hipocalórica, son los responsables de este trastorno.

Al menos el 10% de los pacientes anoréxicos mueren de inanición o suicidio.

Los expertos coinciden en que la mayoría de los casos de anorexia y de bulimia provienen de la exaltación de imágenes irreales de modelos excesivamente delgados, a través del cine, la TV y la publicidad. Aún más inquietante resulta el sistema de valores presente en la sociedad actual, que ensalza el culto al cuerpo y la prevalencia de la estética sobre la ética. Esta filosofía demuestra ser capaz de inducir a muchos jóvenes a la obsesión por la apariencia y, en concreto, por la pérdida de peso.

Bulimia

Amelia, estudiante universitaria de 20 años, es de naturaleza insegura y se siente afectada profundamente por cualquier comentario ajeno. Siempre ha sufrido mucho por no encontrarse a gusto ni con su apariencia ni con su personalidad.

Hace dos años empezó a sentirse tremendamente incómoda con su peso –un poco por encima de lo normal– y a mostrar señales de depresión.

Se veía incapaz de llevar a cabo una dieta equilibrada para controlar el peso y abandonó todo intento de adelgazamiento por procedimientos racionales. En su lugar, comenzó a inducirse el vómito después de ciertas comidas.

Desde entonces, continúa con esta práctica y se ha negado a recibir ayuda profesional.

En presencia de su familia parece llevar a cabo una alimentación normal. Sin embargo, de vez en cuando, le vienen unos impulsos irresistibles de comer alimentos ricos en grasas y azúcar y come rápidamente todo lo que puede ingerir. A continuación, le arrebata un sentimiento de culpa muy intenso. Acude al lavabo y, con los dedos en la boca, vomita toda la comida que tiene en el estómago. Esto lo hace dos o tres veces por semana.

¿Qué es la bulimia?

La bulimia nerviosa es un trastorno mental muy parecido a la anorexia pero con la particularidad de ir casi siempre acompañada del **vómito inducido**.

Se da con mayor frecuencia relativa que la anorexia y la mayoría de quienes la padecen son **mujeres**.

Comienza al final de la adolescencia o en la juventud y se caracteriza por los fuertes deseos de ingerir **alimentos muy calóricos** (dulces, grasas, fritos) con el remordimiento posterior. A este sigue el vómito o, en su lugar, el uso indebido de laxantes, diuréticos y otros fármacos.

Al igual que en la anorexia, la percepción está claramente distorsionada viéndose el paciente obeso sin estarlo.

Los síntomas depresivos aparecen ligados a la bulimia. No está claro si estos son causa o efecto, ya que en ocasiones aparecen antes y otras después del curso de la enfermedad.

El consumo de **alcohol y estimulantes** es más frecuente en pacientes con bulimia que en la población general.

En ciertos casos de bulimia, debido a los vómitos continuados, puede producirse una pérdida del esmalte dental, con el consiguiente deterioro de dientes y muelas.

viene de la página 101

4. **Zona de residencia.** El patrón de conducta del adolescente (y en gran parte, del adulto también) lo suele marcar el **estilo de vida** que prevalece en el entorno donde se desenvuelve. En las grandes urbes, las familias tienden a agruparse en zonas de clase social similar. En el caso de fuertes contrastes, los padres deben orientar su acción educativa poniendo el énfasis en valores no materialistas y en la idea de **cooperación** frente a la de rivalidad.

5. **Pertenencia a una minoría étnica o religiosa.** Cuando el joven es de otro grupo étnico o nacionalidad, o bien pertenece una confesión religiosa minoritaria, puede manifestarse en él una tendencia a considerarse inferior a la mayoría. Quizá la estrategia de mayor efecto es la de infundir, ya desde antes de la adoles-

¿A qué atribuyes tus logros?

"¿Por qué no me salen bien las cosas?"

Imaginemos dos aspirantes a un empleo. A pesar de ser muy diferentes, ambos han conseguido el puesto de trabajo deseado. ¿Cómo explican el logro conseguido?

Pensemos ahora en dos aspirantes que no logran conseguir el empleo. ¿A qué atribuyen su fracaso?

	control externo	control interno
ÉXITO (aceptados para el empleo)	**Aspirante A** Me han dado el trabajo. ¡Vaya suerte! No entiendo cómo... Quizá por casualidad... Desde luego, yo no me siento preparado.	**Aspirante B** ¡Estupendo! He obtenido el puesto. La entrevista fue bien. Mi 'currículum vitae' es bastante bueno. Creo que es justo.
	control externo	**control interno**
FRACASO (rechazados para el empleo)	**Aspirante C** ¡No me han admitido! Es culpa mía. Es que soy un desastre. No me extraña nada que me hayan rechazado, siendo como soy.	**Aspirante D** ¡No he sido admitido! No es que yo sea muy malo..., es que hubo 65 solicitudes para solamente dos puestos. He de intentarlo de nuevo

Área de satisfacción con uno mismo y de orientación al éxito.

Los jóvenes con un concepto equilibrado de sí mismos tienden a atribuir sus éxitos a razones de valor personal (aunque reconozcan sus propias limitaciones). Y en cuanto a sus fracasos, los atribuyen a circunstancias sobre las que tienen poco control (aunque han de reconocer que su esfuerzo personal puede mejorar).

cencia, un sentido de orgullo por poseer una peculiaridad que otros no tienen. De esta manera, se encontrarán ante la tarea de demostrar que, a pesar de su origen o creencias, pueden alcanzar los mismos logros, o aún mayores, que la población general. Esta característica psicológica se llama **compensación**, y muchos personajes de la historia, de origen étnico minoritario o aquejados de alguna minusvalía, han llegado a realizar logros universales en virtud de ella. Churchill, Gandhi, Roosevelt, Schweitzer, Einstein y Freud constituyen ejemplos notables del ejercicio de la compensación.

6. **Estilo paterno.** Los estilos paternos que son predominantemente indiferentes o, por el contrario, excesivamente autoritarios, tienden a producir adolescentes con un bajo nivel de autoestima. El estilo ideal para tratar al adolescente es el democrático (ver de nuevo el cuadro de la pág. 68), en el que existe constante diálogo y fuerte apoyo emocional acompañado de control paterno.

Junto a las consideraciones precedentes, no debería olvidarse el recurso que tiene el creyente de poner su **confianza** en un Dios de amor que nos acepta a todos tal como es cada uno individualmente. Esa **fe** resulta un valioso fundamento para un saludable y razonable nivel de autoestima.

¿Orientado hacia el éxito?

Relacionada con el concepto de uno mismo está la orientación hacia el éxito o hacia el fracaso. Los proyectos o trabajos que realizamos (por ejemplo, las tareas escolares o profesionales) los acometemos con la idea de que todo va a salir bien (orientados hacia el éxito) o con la certeza de desastre seguro (orientados hacia el fracaso). Estas expectativas están íntimamente ligadas al autoconcepto. Es decir, el sujeto con un autoconcepto sano tiende al éxito, mientras que quien posee un autoconcepto pobre tiende al fracaso.

Los adolescentes están sometidos a este principio de una manera especialmente intensa por la **vulnerabilidad** de su autoestima. Por ello es fundamental que el mundo adulto tome la responsabilidad de nutrir la autoestima de los jóvenes; pues de ello depende mucho su éxito académico, profesional y social.

Asociado a este concepto, encontramos lo que técnicamente se llama el **externalismo**, por explicar los éxitos o fracasos en términos internos o externos. De esta manera, hay jóvenes que piensan que si obtienen buenos resultados es por suerte o por casualidad. Mientras que otros lo atribuyen a su propia capacidad. Y si fracasan, los primeros están convencidos de que la culpa es solamente suya. Pero los segundos lo explican en términos de circunstancias adversas, aun cuando también reconozcan sus limitaciones personales (ver el cuadro de la página anterior, que presenta un ejemplo ilustrativo de este principio).

Siempre existe una combinación de factores; pero, en términos generales, las personas con una autoestima saludable tienden a verse responsables de sus éxitos y explican sus fracasos en función de situaciones que se les escapan del control personal.

Solamente con un autoconcepto equilibrado puede el adolescente considerar sus **dotes y posibilidades** personales como **motores** –en buen grado, al menos– **del éxito.** De igual manera, una autoestima sana permitirá evaluar de manera realista las circunstancias con sus ventajas y desventajas.

El entorno social de los jóvenes ejerce mucha influencia sobre el autoconcepto y, en última instancia, sobre su éxito o fracaso. Los padres del adolescente tienen una clara posibilidad de enriquecer este importante aspecto de la personalidad de sus hijos. He aquí algunos consejos útiles:

- **Reconocer abiertamente lo positivo**. Los adolescentes valoran la opinión de sus padres. La alabanza sincera por una tarea bien hecha o por una conducta

Aunque a veces parezcan rechazarlo, los adolescentes necesitan, y en el fondo agradecen, que sus padres les demuestren cariño y confianza, y que se lo expresen con sus actitudes y sus gestos, así como de palabra.

ejemplar es la mejor forma de **reafirmar** las cualidades y valores de los hijos. Para surtir el mejor efecto, este **reconocimiento** debe ser ***concreto y específico*** y no demasiado global. Por ejemplo, resulta mucho más conveniente decir: «Me gustó mucho que ayer pidieras perdón a tu hermana y que te interesaras por ella...», que decir: «Eres un hijo maravilloso...» Hay quienes piensan que si se abusa de la alabanza los hijos pueden caer en la vanidad y el orgullo. Sin embargo, los estudios muestran que el riesgo de caer en el negativismo es aún mayor. Por eso, muchos expertos recomiendan que *por cada mensaje de reprensión*, el adolescente debería recibir *cuatro de reconocimiento*.

- **Utilizar palabras de ánimo.** A diferencia del **elogio**, el ánimo puede ofrecerse en cualquier momento. Este tipo de mensaje ofrece confianza, certeza en el éxito: «Tú puedes... ya verás como lo consigues... Eres capaz de hacerlo». Estos mensajes, cuando son **sinceros**, no solo sirven para mejorar la autoestima, sino también para nutrir la propia relación paterno-filial.
- **No pasar por alto las autoevaluaciones negativas.** Una reacción normal del adolescente propenso a la inferioridad es la autocrítica infundada. Así, por ejemplo, dirá: «Esa muchacha es demasiado bonita para aceptarme a mí», o «Yo soy torpe y no valgo para estudiar», o «No sirvo para los deportes...» Cuando, de una u otra forma, se repiten estos mensajes, los padres deben recordar a los hijos que esas afirmaciones arruinan la autoestima y que existen modos de mejorarse a uno mismo y de averiguar los **talentos** que uno tiene.
- **Aceptar a los jóvenes tal como son**. Con frecuencia, los objetivos y expectativas de los padres no coinciden con los de los hijos. Esta situación hace que el joven se encuentre en un **dilema**: satisfacer al padre y, al mismo tiempo, las pretensiones propias. El autor tuvo ocasión de conocer a un joven cuyo padre siempre quiso que estudiase una carrera universitaria de prestigio. Él se resistió desde la adolescencia y no quiso seguir estudiando. Encontró un trabajo en las ventas, del cual obtuvo muchas satisfacciones. Sin embargo, el padre mostró sistemáticamente su desagrado durante años. A pesar de su éxito profesional, el

PARA TI

"Así que te has enamorado..."

Al llegar a los 13 o 14 años te habrás dado cuenta de que ese desagrado que sentías por el sexo opuesto se va desvaneciendo y empiezas a sentir atracción por las personas del otro sexo. Es un hecho completamente sano y normal.

Los muchachos tienden a admirar la **belleza física** de las muchachas. Admiran su rostro, y las formas que van añadiendo femineidad a su cuerpo. Por supuesto, también se fijan en su manera de hablar y de comportarse. Buscan su compañía y el tiempo se les pasa volando cuando se encuentran con la muchacha que les gusta.

Las muchachas, por su parte, aunque respetan la fuerza física de los varones y su semejanza con los hombres, tienden a ser más románticas y se sienten atraídas especialmente por la **amabilidad** de los muchachos, por sus palabras sinceras de aprecio, por su manera de llevar una conversación y por su sentido del humor.

Tanto si eres varón como mujer, es posible que hayas sentido un flechazo: alguien de la escuela o del barrio, o incluso un profesor o alguien mucho mayor que tú. Esa persona te parece absolutamente fantástica. Cuando piensas en él o ella te embarga un placer inmenso y en su compañía el corazón te late deprisa o pareces "derretirte."

Estas sensaciones son positivas y harán que te vayas conociendo mejor. También te ayudarán a saber relacionarte con el sexo opuesto.

Ahora bien, es importante que entiendas que rara vez esto significa **amor verdadero** o que esa persona sea la escogida para ser tu compañero o compañera. ¿Qué hacer? Deja correr el tiempo. Mantén la amistad **abierta**, no solo con ese muchacho o muchacha que te gusta, sino también con otros amigos. Deja transcurrir al menos unos meses y evalúa de nuevo tus sentimientos.

joven sufrió durante mucho tiempo una sensación de fracaso e inferioridad por no haber cumplido las expectativas de su padre. Una meta básica de los padres debiera ser **aceptar** a sus **hijos *incondicionalmente***.

Los sentimientos amorosos

En los periodos anteriores a la adolescencia, los sexos se segregan voluntariamente. Los grupos de escolares son claramente del mismo sexo. En el aula, los niños se sientan con los niños y las niñas hacen lo propio. En el juego, los muchachos tienen sus juegos y las niñas los suyos. Si una niña busca la compañía de los niños para jugar es objeto de crítica por su propio sexo. Igualmente, cuando un niño se integra en el grupo de muchachas, es víctima de insultos y ridículo.

Sin embargo, con el advenimiento de la pubertad la escena cambia completamente. Las alteraciones fisiológicas traen consigo el

continúa en la página 109

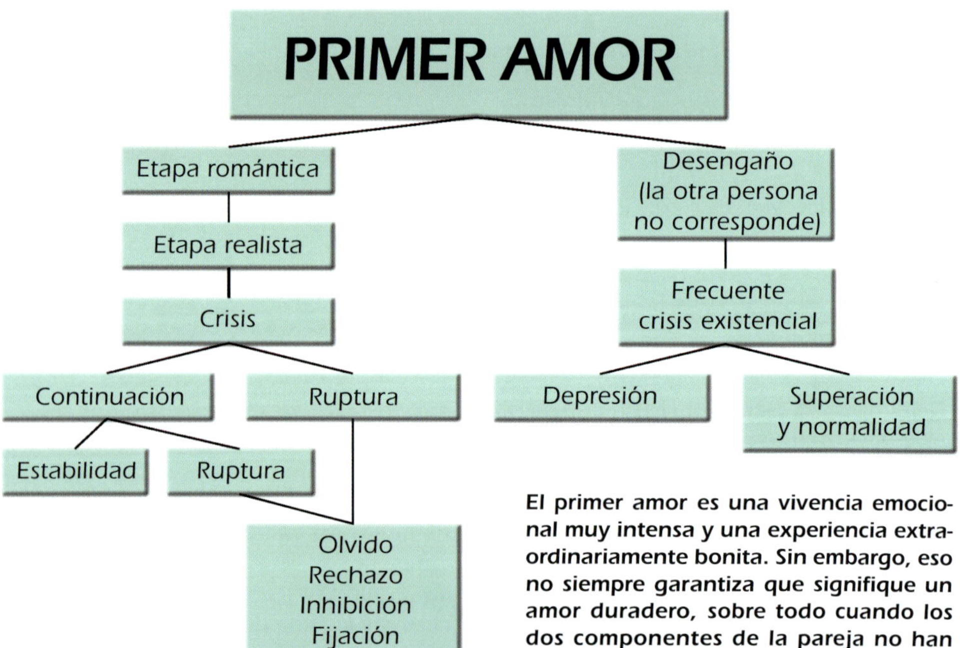

El primer amor es una vivencia emocional muy intensa y una experiencia extraordinariamente bonita. Sin embargo, eso no siempre garantiza que signifique un amor duradero, sobre todo cuando los dos componentes de la pareja no han alcanzado todavía la necesaria madurez.

La vida continúa... El primer amor no ha prosperado, pero para eso están las amigas... y, por supuesto, lo amigos en el caso de los muchachos. Refugiarse en la amistad para reír y olvidar es un buen antídoto contra el desengaño, de modo particular en la etapa adolescente, que vive con mucha intensidad la experiencia amorosa.

viene de la página 107

despertar de la afectividad. El deseo por la compañía del sexo opuesto se acrecienta. La experiencia mixta en la edad adolescente se llega a percibir como una de las más placenteras de la etapa.

La intensidad de la atracción es tal que resulta natural pasar por la experiencia del **enamoramiento**. Los jóvenes se enamoran con más facilidad durante la adolescencia. En realidad, se trata de una evidencia clara de que se va camino de la madurez afectiva. Una simple mirada, o una sonrisa que se percibe como especial, pueden ser el desencadenante de la experiencia afectiva, que puede llevar, al cabo de un cierto tiempo de relación, a un mutuo enamoramiento. Para una orientación en cuanto a ello, será útil que el lector, especialmente si es joven, reflexione sobre el contenido del cuadro ***"Así que te has enamorado..."*** de la sección *"Para ti"* (pág. 107).

El **primer amor** es una vivencia emocional muy intensa: Los que antes se habían jurado "odio eterno" ahora prometen amarse para siempre. La experiencia del enamoramiento puede afectar a los estudios y la relación familiar de los enamorados. Al ser la primera experiencia intensa de sentimiento de atracción mutuo, no es extraño ver casos de parejas que dedican prácticamente toda su energía y su tiempo a estar juntos, hablar de sus cosas, y hacer planes para el futuro.

Después de pasados los primeros momentos románticos de la relación, generalmente sobreviene una **crisis** en la pareja,

«Quiero compartirlo todo contigo y siempre...» Enamorarse es entrar a formar parte de otra vida, y que otra vida pase a formar parte de la nuestra. Es algo realmente serio y decisivo. Por eso, a pesar de la conmoción que supone el enamoramiento, es conveniente, por difícil que resulte, conseguir un cierto grado de sosiego y reflexión.

que puede acabar en un compromiso más avanzado y estable, o bien en la ruptura.

Si la relación continúa, puede llegar a una estabilidad e incluso a un compromiso duradero plasmado en el matrimonio. Si no es así, acabará desvaneciéndose. Después de la ruptura de relaciones, los interesados experimentan un periodo más o menos prolongado de turbulencia psicológica. El lazo de unión se ha roto, y ahora queda el recuerdo de haber compartido con él o con ella secretos íntimos y de haberle expresado sentimientos muy personales. Las consecuencias de esta ruptura pueden ser diversas:

1. **Olvido.** Siempre es desagradable romper relaciones de tipo sentimental, pero el tiempo se encarga de borrar el pasado, o al menos, de eliminar los sentimientos de insatisfacción. Este es el camino que toma la mayoría de las relaciones adolescentes, llegando a curarse en tan solo unas semanas.
2. **Fuerte rechazo.** El rechazo intenso hacia la otra persona, o incluso el odio, es también una reacción bastante frecuente. «Él/ella ha descubierto mis intimidades, y ahora ya no existe ningún vínculo entre nosotros.» «No tiene respeto alguno por mí. Ahora hablará de todo con la gente...» Son pensamientos comunes del adolescente que rechaza a su antigua pareja.
3. **Inhibición.** Se trata de una experiencia menos común, pero altamente peligrosa. Tiende a darse después de un número de relaciones que han acabado en ruptura, especialmente si había expectativas de estabilidad y la relación no continuó. Uno de los miembros de la pareja se siente tan decepcionado que teme establecer una nueva relación debido al dolor que las anteriores han producido. Esta actitud puede prolongarse por mucho tiempo. De hecho, numerosas personas solteras permanecen en este estado debido a los chascos recibidos en relaciones previas.
4. **Fijación.** En la fijación, uno de los miembros de la pareja sigue enamorado incondicionalmente del otro después de la ruptura. De esta manera, continúa manteniendo una relación simbólica y utópica, albergando esperanzas de restablecimiento. La fijación encierra el mismo peligro que la inhibición. Ambas constituyen una fuerte barrera para el establecimiento de nuevas relaciones.

¿Cuál es la mejor actitud de los padres ante el enamoramiento de sus hijos?

«Necesito encontrarle sentido a la vida.» La depresión es una amenaza frecuente durante la adolescencia, debido a la especial vulnerabilidad propia de esta etapa vital. Sin embargo, puede ser eficazmente combatida, y sobre todo prevenida, como se puede ver en las páginas 112-115. Y es que cuando se busca con interés y ahínco suficientes, se llega a comprobar que la vida sí tiene un propósito, y, por eso, **¡vale la pena vivirla!**

Lo primero de todo es entender que el despertar afectivo y la fuerte atracción por el sexo opuesto es algo **totalmente normal**.

En segundo lugar, su tipo de influencia no debe ser el de la censura y la crítica por razones de quién sea el amigo o la amiga en cuestión. Es natural que los padres crean que esa persona no resulta adecuada para su hija o hijo. Probablemente, los padres de la otra parte piensen lo mismo. En el caso de que los padres quieran dar un consejo basado en las inconveniencias objetivas de esa relación, deben hacerlo desde la perspectiva del enamorado o enamorada que se encuentra en un **estado emocional *muy intenso***.

A pesar de todo, es muy probable que el adolescente no escuche la recomendación de los padres; de la misma manera que es muy probable que la relación se desvanezca por sí sola.

El desengaño amoroso

El adolescente vive con fuerza la afectividad. Por esta razón, las experiencias de ruptura o de ser abandonado se viven con intensa emotividad. En la mayoría de los casos, es un sentimiento pasajero que interrumpe temporalmente la rutina diaria. Sin embargo, en algunos casos, el desengaño amoroso puede llegar a ser una experiencia prolongada y amarga que, en ocasiones, conduce a la depresión e incluso a un serio deseo de quitarse la vida. He aquí algunas recomendaciones para afrontarlo:

- **Cuidar de la autoestima.** A raíz de un desengaño amoroso surgen casi invariablemente dudas en cuanto a la autoestima. El joven o la muchacha en estas circunstancias necesita toda suerte de mensajes que ***destaquen*** sus **cualidades y valores.** Necesita además habilidad a la hora de gobernar sus pensamientos: Cuando la mente quiera albergar los sentimientos de inadecuación ha de decirse «¡NO!», e inmediatamente pensar en otra cosa.

- **Mantenerse ocupado.** Cualquier desequilibrio afectivo tiende a corregirse cuando existe un programa razonable de actividades para la energía real del sujeto. Y el desengaño amoroso no es una excepción. ***Organizarse*** el tiempo para el deporte, el paseo, echar una mano a alguien o leer algo edificante, son ejemplos de las muchas actividades que están indicadas en estos casos.
- **Buscar apoyo social.** Conversar acerca del problema y de los sentimientos que produce es necesario para restablecer el equilibrio. Pero esta forma de "terapia" ha de hacerse con alguien que pueda ofrecer apoyo **incondicional**. A tal fin, uno de los progenitores puede resultar adecuado. O quizá un hermano, o un amigo íntimo. A veces puede ser necesaria la ayuda de un psicólogo. Y aparte de esa persona confidente, el trato amigable con grupos de jóvenes de la misma edad ayuda al afectado al retorno a una vida social normal.
- **Tener paciencia.** El proceso natural para superar un desengaño amoroso puede ser largo y algún joven puede perder la paciencia. Sin embargo, así como algunas heridas físicas tardan en curarse pero se curan al final, este tipo de heridas emocionales alcanza el restablecimiento siempre que se cuide de ellas.

Para prevenir la depresión, es preciso mantenerse ocupado. En concreto, el ejercicio físico y las actividades aeróbicas resultan muy apropiados.

La depresión en la adolescencia

Los grandes cambios biológicos de la edad, la creciente sexualidad, la incertidumbre por el futuro, las relaciones personales, las nuevas capacidades, así como las exigencias y expectativas del entorno, ejercen una ***fuerte* presión** sobre el adolescente.

Las **reacciones** pueden ser múltiples y traducirse en hostilidad, rebeldía, confrontaciones familiares, problemas escolares y llegar a la depresión.

Es necesario mencionar que el uso que hoy en día hacemos del término 'depresión' a veces resulta impreciso. Por ejemplo, podemos hablar de **un muchacho "deprimido"** porque está ***'desanimado'*** por un suspenso o por un altercado con su mejor amigo. Sin embargo, no se trata de una **depresión clínica.** En su lugar, es más adecuado decir que está pasando por un estado de **ánimo alterado** o incluso que presenta algunos ***síntomas* depresivos.**

La **depresión clínica** o depresión **mayor** es un trastorno afectivo con efectos profundos y prolongados sobre el funcionamiento físico y psicológico del sujeto. Para

continúa en la página 114

Signos externos de la depresión

La mayoría de los adolescentes muestran conductas depresivas leves (tristeza, soledad, dolor por los problemas de relación...). Sin embargo, no podemos hablar de una depresión propiamente dicha hasta que no se observen, durante al menos **dos semanas, cinco o más de los síntomas** siguientes:

1. **Disforia o humor depresivo.** Este estado de ánimo conlleva un sentir profundo de **tristeza y apatía**. El adolescente llora sin razón aparente. Este estado no es pasajero, sino que persiste diariamente, a veces durante semanas.
2. **Anhedonia o ausencia de placer en toda actividad.** Hasta los pasatiempos que normalmente producen gran satisfacción en el adolescente, carecen de atractivo. Los amigos, los juegos, los deportes... se tornan sombríos y no se encuentra en ellos el placer de antes.
3. **Problemas de apetito y de peso.** El adolescente no tiene apetito a ninguna hora del día y no se alegra ante la presencia de los alimentos que en otro tiempo lo deleitaban. Como consecuencia, su peso se estanca o incluso se reduce. En algunos casos, el apetito se torna voraz y sigue un aumento desproporcionado de peso (ver "**Anorexia**" y "**Bulimia**", págs. 102-103).
4. **Cambio en los patrones del sueño.** El síntoma más común es el **insomnio** casi a diario. El joven tarda mucho en conciliar el sueño, sufre un despertar intermitente o despierta muy temprano con cansancio y no consigue dormirse de nuevo. En algunos casos, la depresión va acompañada de un **exceso** de horas de sueño.
5. **Agitación psicomotriz o lentitud.** Pueden observarse en el joven deprimido movimientos musculares extremadamente despaciosos. Hasta el habla se ve afectada, con frases pronunciadas lentamente y largas pausas en la conversación. El otro extremo es la agitación: un estado de inquietud que no permite al adolescente permanecer sentado; se mueve constantemente y muestra compulsiones, como tocarse el pelo, la ropa o algún objeto.
6. **Fatiga.** Casi a diario, carece de recursos energéticos y se siente cansado a cualquier hora del día. La propia imagen de la cara y el cuerpo denota **abatimiento y falta de fuerzas**.
7. **Sentimientos negativos hacia sí mismo.** Los más comunes son el sentir de **inferioridad** –que está presente en casi todos los adolescentes depresivos–, el sentimiento de **culpa** y la sensación de **fracaso**. Hasta los muchachos y muchachas de éxito, cuando caen en la depresión, se ven incapaces, sin recursos, inferiores, desgraciados y culpables de las desdichas que los invaden.
8. **Dificultades para pensar y para concentrarse.** Los jóvenes depresivos suelen quejarse de que olvidan todo o son incapaces de hacer algo que requiera **concentración** durante más de unos minutos. Las facultades intelectuales se debilitan y cualquier problema simple parece irresoluble.
9. **Pensamientos de muerte.** Es relativamente común que en la desesperación el adolescente piense en la muerte. La contempla como un alivio al sufrimiento. El pensamiento en el suicidio y en cómo llevarlo a cabo son también motivo de imaginación. En ciertos casos el adolescente puede incluso llegar al intento real de quitarse la vida (ver cuadro págs. 116-117).

Según el
'Manual de trastornos mentales DSM–IV'

La sospecha de depresión, o de camino hacia ella, exige tratamiento psiquiátrico inmediato. Si no se trata, el adolescente puede sufrir consecuencias irreversibles, además de preparar el camino hacia la depresión en la edad adulta.

Hay esperanza. La liberación de las garras depresivas es posible. Un adecuado tratamiento puede ayudar a levantar cabeza y a volver a mirar el futuro con razonable confianza.

viene de la página 112

establecer su diagnóstico se han de dar una serie de **síntomas** precedidos de **signos** observables que resultan valiosos a la hora de establecer una acción preventiva; tales síntomas han de presentarse con una frecuencia e intensidad suficientes (ver cuadro, página anterior).

La depresión tiene un amplio alcance en la edad adolescente. La depresión juvenil es mucho más frecuente que la depresión infantil. En la población general de adolescentes, se estima que entre el 5% y el 8% sufre o ha sufrido depresión. Estas cifras ascienden al 20%-30% cuando hablamos de síntomas importantes pero no suficientes para hacer un diagnóstico clínico. La incidencia en las muchachas es mayor que en los muchachos: al menos hay dos casos femeninos por cada caso masculino.

Uno de los riesgos de la depresión es el **intento de suicidio,** por lo que conviene tomarse en serio cualquier insinuación o amenaza al respecto de un adolescente deprimido (ver cuadro págs. 116-117).

Cómo se trata la depresión

Existen dos vías generales de tratamiento de los trastornos depresivos: la farmacología y la psicoterapia. En la mayoría de los casos está indicado un tratamiento farmacológico inicial que alivie los síntomas; después, sin dejar la medicación, se aplica un tratamiento psicoterapéutico. Esta **terapia combinada** es, por regla general, la más eficaz.

El adolescente depresivo necesita ayuda para acudir al profesional. Por sí solo, se sentirá con tan poca energía y esperanza que no verá sentido alguno en ir a la consulta del psiquiatra.*

* Por la naturaleza bioquímica de muchas depresiones y por la necesidad de fármacos para su tratamiento, el profesional más indicado es el psiquiatra, autorizado para recetar. El psicólogo, por su parte, desempeña un papel importantísimo en el tratamiento psicoterapéutico, tan necesario a largo plazo. El doctor Melgosa, en otra obra suya de esta misma serie NUEVO ESTILO DE VIDA, *¡Sin estrés!*, aborda ampliamente el trascendental asunto de cómo prevenir la depresión y da algunas pautas y orientaciones en cuanto a su tratamiento (ver especialmente las páginas 47-49), incluyendo los remedios naturales coadyuvantes más acreditados (*¡Sin estrés!*, págs. 142-143)

Un futuro despejado: El adolescente tiene todo un campo abierto ante sí. Aprender a reconocerlo y a gozarse positivamente en él es una de sus mayores necesidades, pero también su más alto privilegio. La vasta naturaleza, fresca y pura, simboliza idóneamente tales posibilidades; y el disfrute de la misma resulta un eficaz modo de prevenir caídas en las simas de la depresión.

Tratamiento farmacológico

Hay tres tipos de medicamentos que se utilizan ampliamente en el tratamiento de las depresiones:

- antidepresivos tricíclicos,
- inhibidores de la monoaminoxidasa,
- sales de litio.

Los dos primeros actúan sobre el sistema nervioso central e influyen sobre la química cerebral, logrando así un mayor equilibrio bioquímico. Su función primordial es elevar los niveles cerebrales de aminas neurotransmisoras estimulantes –por ejemplo, la noradrenalina y la serotonina–, y conseguir con ello un alivio de los síntomas depresivos.

Las sales de litio ayudan a eliminar la acumulación de agua y de sodio en ciertos puntos del organismo. Esto previene la recurrencia de los síntomas, especialmente en pacientes con ciclos depresivos.

Tratamientos psicoterapéuticos

A pesar del alivio tan necesario que proporcionan los fármacos, ha de admitirse que, por lo general, no resuelven las causas de la enfermedad. Por ello, resulta conveniente recurrir a las técnicas psicoterapéuticas que enseñan al paciente cómo adquirir hábitos de conducta y pautas de pensamiento que pueden evitar las recaídas depresivas.

Existen varias formas de psicoterapia de la depresión, pero aquí nos limitaremos a mencionar dos de ellas: los programas de actividades y la reestructuración cognitiva. Ambas cuentan con un probado efecto positivo sobre la depresión de los adolescentes, especialmente si se aplican con la colaboración y el apoyo de la familia.

El **programa de actividades** es un plan personal que elabora el psicoterapeuta –generalmente un psicólogo– después de haber entrevistado al muchacho o la mu-

continúa en la página 119

“¡Pues claro que vale la pena vivir!”

PARA PREVENIR EL SUICIDIO JUVENIL

Ramón, a sus 14 años, daba una imagen de madurez e independencia. Sin embargo, no pudo tolerar la presión de las circunstancias y acabó quitándose la vida.

Todo empezó cuando se unió a sus amigos en el uso de las máquinas tragaperras. Al principio era divertido. Sin embargo, no se daba cuenta de que empezaba a caer en un hábito de difícil control.

Muy pronto, empezó a sustraer a escondidas dinero de su casa. En la escuela las cosas iban mal y, en casa, las broncas se sucedían una tras otra.

Un día, después de una fuerte disputa con su madre que le recriminaba que le hubiera abierto el bolso y quitado dinero, Ramón se fue de casa dando un portazo. Unas horas más tarde se ahorcaba en una casa semiderruida de las afueras.

Es imposible saber lo que se le pasó por la cabeza antes de su muerte ya que, desafortunadamente, Ramón no vivió para contarlo; pero hay otros adolescentes que intentaron –sin éxito– suicidarse. Y estas son algunas de las ideas que les rondaban de continuo por la cabeza: «No valgo para nada... Mejor muerto que vivo.» «En casa no me comprenden, mis amigos tampoco...» «Nunca seré capaz de aprobar... Los profesores me tienen manía.» «Me odio a mí mismo... No quiero seguir viviendo.» «Cuando me vean muerto, entonces lo van a sentir.»

El suicidio entre escolares y adolescentes va en aumento. En la década de los cincuenta, había 2-3 casos de suicidio por cada 100.000 adolescentes; ahora el número ronda los 15.

En Francia, por ejemplo, la tasa de suicidio juvenil se ha multiplicado por tres en los últimos 30 años, y 45.000 jóvenes lo intentan cada año. En las edades comprendidas entre 25 y 35 años, es la primera causa de muerte. En España, entre 1985 y 1994 se ha pasado de 386 a 485 suicidios juveniles al año. El tramo de edad entre 20 y 29 años es el segundo más afectado.

El suicidio está relacionado con la **depresión.** La mitad de los suicidas sufren depresión y esta es la causa inmediata que explica el mayor número de casos de suicidios.

Los intentos de suicidio **no se presentan de repente.** El suicidio sigue unos niveles de acercamiento progresivo hasta el momento en que se intenta ejecutar. Estas son las pautas:

1. Ideas y sentimientos de suicidio.
2. Impulsos suicidas.
3. Intentos de suicidio.
4. Suicidio consumado.

SE PUEDE EVITAR

Muchos suicidios son **evitables.** El 80% de quienes consuman el suicidio lo han intentado con anterioridad. Además, en casi todos los casos, han dado **señales previas.** Estas son las más comunes:

- **Interés por el tema de la muerte** en el arte o en la música.
- **Tristeza persistente** y sentimiento de **desesperanza.**
- **Impulsos o intentos previos** de quitarse la vida.
- **Falta de interés por los estudios** y calificaciones escolares deficientes.
- **Sentimientos de culpabilidad o fracaso.**
- **Variaciones importantes** en los hábitos de **alimentación o sueño** y **dejadez** en el cuidado personal.
- **Cambios significativos en la conducta.**
- **Aislamiento** de la familia y los amigos
- **Consumo importante de alcohol u otras drogas.**

Si observa varios de estos síntomas en un jovencito o una muchacha, lo mejor que puede hacer es aplicar de inmediato las indicaciones que ofrecemos en la página contigua.

CÓMO PREVENIRLO

- **Utilice la escucha profunda.** Prepare el ambiente para comunicarse con su hijo adolescente. Intente comprender no solamente sus palabras, también sus sentimientos y deseos. Observe las expresiones del rostro. Considere seriamente expresiones tales como: «No puedo más...» «No hay solución, es imposible...»
- **Tome en serio cualquier indicación de posible suicidio.** Considere la lista de señales mencionadas. Y cuando el muchacho hable del suicidio, tenga en cuenta que probablemente no está bromeando.
- **Intente comprender su experiencia.** El joven que contempla la perspectiva del suicidio es extremadamente infeliz. Está desesperado, se ve indefenso y se odia a sí mismo. El futuro no tiene sentido y no hay razón para vivir.
- **Ayúdelo a encontrar los aspectos positivos de sí mismo.** Un sentimiento casi siempre presente es el de desprecio por sí mismo. Háblele del valor positivo que su vida puede ejercer sobre otros y de las características apreciables que posee.
- **Manténgase cerca.** Esté siempre disponible. El adolescente en peligro de suicidio tiene en la soledad su mayor enemigo. Manténgase en contacto continuo con él o ella.
- **Hable directamente del suicidio.** No tenga miedo de hablar del suicidio –pensamientos, impulsos e intentos– cuando salga a colación. Sugiera opciones de solución válidas en lugar de la desesperación y la muerte.
- **Retire objetos que puedan ayudar al suicidio.** Armas de fuego, productos químicos venenosos, sogas, medicamentos, etcétera, deben estar alejados del adolescente.
- **No sermonee.** Las personas que están contemplando la posibilidad del suicidio no necesitan cargar su conciencia con más culpabilidad. Por lo tanto, no caiga usted en el error de decir: «No deberías...» «Jamás se te ocurra». «Eso es pecado».

- **Busque ayuda profesional.** A la más mínima señal de que la situación se está escapando de su control o de que presenta peligro, acuda al psiquiatra o a los grupos de autoayuda.
- **Incluya la dimensión sobrenatural.** El creyente puede encontrar apoyo en la certeza de que Dios está dispuesto a aliviar el dolor humano. La oración privada o junto con su hijo o hija adolescente puede proporcionar excelentes resultados, bien conocidos por quienes la practican.

EL CONSEJO DEL PSICÓLOGO

"Quisiera entender a mi hija"

Aunque reconozco no ser una madre perfecta, hago todo lo que puedo para influir positivamente en mi hija de 16 años. A pesar de todo, frecuentemente tiene unos ataques de ira en los que me chilla echándome la culpa de todo lo que la pasa. Lógicamente, yo no puedo callarme y le replico con dureza a las barbaridades que dice. Y con el paso de los meses, esto no parece arreglarse. ¿Qué puedo hacer para que controle sus emociones?

La ira y el enojo se cuentan entre los obstáculos más sobresalientes en la comunicación humana. En este estado se dicen cosas sin sentido o cosas con mucho sentido, pero que no surten efecto por la manera cómo se dicen. No es de extrañar, pues, que los problemas tarden en solucionarse.

En primer lugar, cuando su hija esté airada **no le eche más leña al fuego**. Quizá resulte difícil, pero usted tiene más experiencia y más dominio propio que su hija. Por tanto, respire hondo, tenga paciencia y deje que diga lo que tenga que decir. Después, retírese.

Cuando su hija esté en calma –puede ser más tarde o quizá al día siguiente– **inicie un diálogo** para hablar de lo que ha pasado. Siga los principios básicos de la comunicación entre padres e hijos (véase pág. 66). Trate de **averiguar los sentimientos de su hija**. Muchas veces hay problemas de raíz que no saldrán cuando se suscita una trifulca. Si su hija consigue hablar de lo que realmente la molesta, ya estará aliviando sus problemas.

En cuanto a los sentimientos de usted, **no deje de manifestar lo que le hace daño**. Hágalo con la mayor calma posible y en un contexto adecuado, pero su hija debe conocer el daño que hace.

Ofrézcase a apoyarla en los problemas que tenga. Al conocer las buenas intenciones y deseos de su madre, ella reaccionará positivamente. El saber que alguien está con ella, le dará fuerza para afrontar las situaciones que le causan ira.

Y en todo el proceso, no olvide que la edad adolescente es propensa a los **sentimientos de inseguridad, ansiedad y frustración**. Esto dificulta las posibilidades de controlarse. Además, especialmente las muchachas sufren **cambios hormonales importantes que afectan a la conducta**. Esto ocurre más intensamente entre la ovulación y el periodo menstrual.

A pesar de todo, si alguna vez usted pierde los estribos, considérelo natural. Eso le dará la oportunidad de tener que pedir perdón a su hija y al final se sentirán más unidas.

viene de la página 115

chacha que sufre la depresión y a uno o más miembros allegados de la familia.

El programa de actividades es la "agenda" que el depresivo ha de seguir durante varias semanas. Cuando el programa se sigue adecuadamente, los resultados no solo proporcionan mejoría en el presente sino que instauran hábitos adecuados para ***evitar*** la **recaída** en el futuro.

La tarea primordial es encontrar las actividades que sirven de **reforzamiento positivo**, es decir, que reportan consecuencias placenteras al paciente. En efecto, el paciente depresivo cuenta con muy poco aliciente para hacer cosas y, por ello, necesita empezar por lo que le resulte agradable. Ante la escasez de experiencias o actividades reforzantes, la búsqueda por parte del terapeuta, el paciente y su familia debe ser intensa.

Natalia tenía 16 años cuando sufrió una depresión mayor motivada por la presión escolar. Se le administraron fármacos y se le aplicó un programa de actividades muy detallado. Este consistía en abandonar varias asignaturas de la escuela y mantener otras que la ocupaban solamente 3-4 horas por día. El resto del tiempo lo dedicaba a la natación –que era la actividad que más satisfacción le proporcionaba– y a convivir con su familia y con dos amigas que pasaban ratos con ella diariamente. Además, se responsabilizaba de algunas tareas domésticas.

El plan en detalle lo elaboró un psicólogo después de hablar con el psiquiatra, entrevistar a la paciente, a sus padres y a algunos de sus profesores. Además, proporcionó a la muchacha un inventario de refuerzos (amplia lista de actividades que la persona con depresión evalúa como placenteras, neutras o desagradables). El programa implicaba a varias personas y Natalia mantenía una sesión psicoterapéutica semanal. Con el apoyo de todos, la muchacha empezó a mostrar una mejoría notable en unas dos semanas, y estaba prácticamente restablecida a los dos meses.

La otra técnica es la **reestructuración cognitiva**, elaborada a partir de los estudios de ***Aaron Beck***. Uno de los problemas básicos del joven depresivo es la forma particular de procesar la información que llega a su mente. Por ejemplo, mientras una joven universitaria normal ante un 4,5 sobre 10 de calificación, puede decir: «Estoy muy cerca del aprobado y sé que con más esfuerzo lo puedo conseguir», una joven depresiva diría: «Definitivamente, soy muy torpe y no tengo solución.»

Beck afirma que en el depresivo encontramos este tipo de juicio negativo en lo que llama la **tríada cognitiva**:

- los pensamientos negativos **hacia sí mismo**,
- los pensamientos negativos **hacia el mundo,** y
- los pensamientos negativos **hacia el futuro**.

Por tanto, la labor del psicoterapeuta es asistir al joven en la búsqueda de cualidades y valiosas aptitudes personales, en ayudarlo a modificar los pensamientos negativos hacia las personas y circunstancias que lo rodean, y en contemplar el futuro con esperanza.

Martin Seligman, el creador de la **teoría del desamparo aprendido**, publicó el caso de un joven soldado norteamericano en el Vietnam que fue hecho prisionero y llevado a un campo de concentración. Una vez allí, se le manifestó que sería liberado en una fecha específica meses más tarde.

A partir de ese momento y a pesar de los malos tratos recibidos, este joven resistió perfectamente todas las barreras, gozó de muy buena salud y de un humor equilibrado. A su alrededor, otros compañeros a quienes no les habían notificado su fecha de liberación caían en la depresión, y algunos murieron.

Cuando llegó la fecha de su liberación, se comunicó al joven soldado que todo había sido un engaño intencionado y que nunca habían pensado en liberarlo. A partir de este momento, su salud empeoró, entró en una profunda depresión y falleció. La esperanza inicial lo había mantenido íntegro, pero el soldado no fue capaz de aferrarse a otro tipo de esperanza cuando le informaron de la farsa.

La **esperanza** es, por tanto, un factor importante de éxito contra la depresión. Es posible que los jóvenes de la actualidad tengan dificultades a la hora de conseguir esa esperanza. Además de los problemas universales de la adolescencia y la juventud, hoy encontramos desempleo, competencia laboral excesiva, crisis económica, droga, sida, inestabilidad mundial, etcétera. Todo ello tiende a arrojar a los jóvenes a la desesperación.

Aparte del trabajo clínico que puede llevarse a cabo para que el joven sea positivo hacia sí mismo, hacia los demás y hacia el futuro, existe un factor esperanzador de importancia: **la espiritualidad.**

El adolescente rechazará toda experiencia religiosa que sea autoritaria y esclavizante, pero no la que está basada en la relación con **un Dios amigo**. Cuando el joven entiende que Dios no es un ser temible y justiciero, sino alguien dispuesto a ayudar, a proteger y a favorecer a aquellos que lo desean, empieza a desarrollar **fe** en él.

Esta fe no depende solamente de las evidencias científicas o la argumentación dialéctica abstracta en favor de la religión –que, por supuesto tienen su razón de ser y su valor–, sino de la confianza que surge de una experiencia espiritual vivida personalmente de forma cotidiana. Así, el joven y la joven creyentes, ejercitan y confirman su fe en la Providencia, de modo que pueden acabar mirando con calma el futuro y enfrentando con serenidad las circunstancias adversas.

Si un joven descubre que la madurez espiritual alcanzada en libertad, es la mejor garantía de una buena salud mental, podrá edificar su vida presente y futura sobre un fundamento realmente sólido. Eso lo comprobó, después de muchos años de experiencia, ***Karl G. Jung,*** el famoso psiquiatra suizo, discípulo de Freud. De ahí que reconociera en su libro *El hombre moderno en busca de su alma:*

«Durante estos últimos treinta años han acudido a mi consulta personas de los más diversos países. He tratado a muchos cientos de enfermos. Entre todos mis pacientes en la segunda mitad de la vida –es decir, de más de treinta y cinco años de edad– no he encontrado ni uno solo cuyo problema no fuera en última instancia, el de hallar una perspectiva religiosa de la vida. Puedo afirmar que todos ellos se sentían enfermos porque había perdido lo que las religiones vivas de todos los tiempos vienen ofreciendo a sus fieles, y ninguno de ellos recuperó realmente la salud mental sin antes haber recobrado esa perspectiva religiosa.»

Cuán acertado resulta, pues, aquel perspicaz consejo de ***Salomón:***

*«**Acuérdate de tu Creador en los días de tu juventud,** antes que vengan los días malos, y lleguen los años, de los cuales digas: "No tengo en ellos contentamiento"»* (Eclesiastés 12: 1).

Pensándolo bien

LOS JÓVENES

Sincerándote a solas

Pregunta: ¿Eres consciente de los cambios que está sufriendo tu personalidad?

Respuesta:

P: ¿Sientes que tu vida tiene un propósito que va más allá del mero crecimiento?

R:

P: ¿Te quieres de verdad a ti mismo/misma?

R:

P: ¿Tienes un concepto razonable y realista de tu aspecto físico?

R:

P: ¿Eres optimista o pesimista? En ambos casos, ¿crees que se trata de una postura realista?

R:

P: ¿Crees que para los demás la vida es más fácil que para ti?

R:

P: Te has enamorado, pero, ¿amas realmente a tu pareja? ¿Te sientes preparado/a para el noviazgo?

R:

P: Tal vez te sientas poca cosa; pero, ¿no crees que eso tiene solución?

R:

P: ¿Piensas a menudo en la muerte? ¿No crees que los malos momentos siempre se superan?

R:

P: ¿Cuidas de tu dieta? ¿Haces ejercicio regularmente?

R:

P: ¿Confías en Dios? ¿Recurres a él en tus momentos de desánimo?

R:

Reflexión final y conclusiones

LOS PADRES

Reflexionando con calma

Pregunta: ¿Piensan ustedes que su hijo/hija adolescente ha perdido la cabeza?

Respuesta:

P: ¿Estiman que sus hijos están madurando de forma armoniosa y positiva?

R:

P: ¿Utilizan con sus hijos elogios oportunos y palabras de ánimo frecuentes?

R:

P: ¿Creen ustedes que sus hijos poseen un nivel de autoestima razonable?

R:

P: ¿Se toman ustedes en serio sus manifestaciones de desánimo?

R:

P: ¿Enfatizan ante ellos la escala de valores más idónea para la vida?

R:

P: ¿Les alarma que sus hijos adolescentes salgan con personas del sexo opuesto, o consideran naturales sus nuevas inclinaciones afectivas?

R:

P: ¿Dialogan ustedes con sus hijos?

R:

P: ¿Les parece que alguno/a de sus hijos es demasiado negativista?

R:

P: ¿Se consideran ustedes personas ante quienes sus hijos pueden abrir su corazón?

R:

P: ¿Se dan cuenta de que sus hijos adolescentes todavía los necesitan mucho a ustedes dos?

R:

Reflexión final y conclusiones

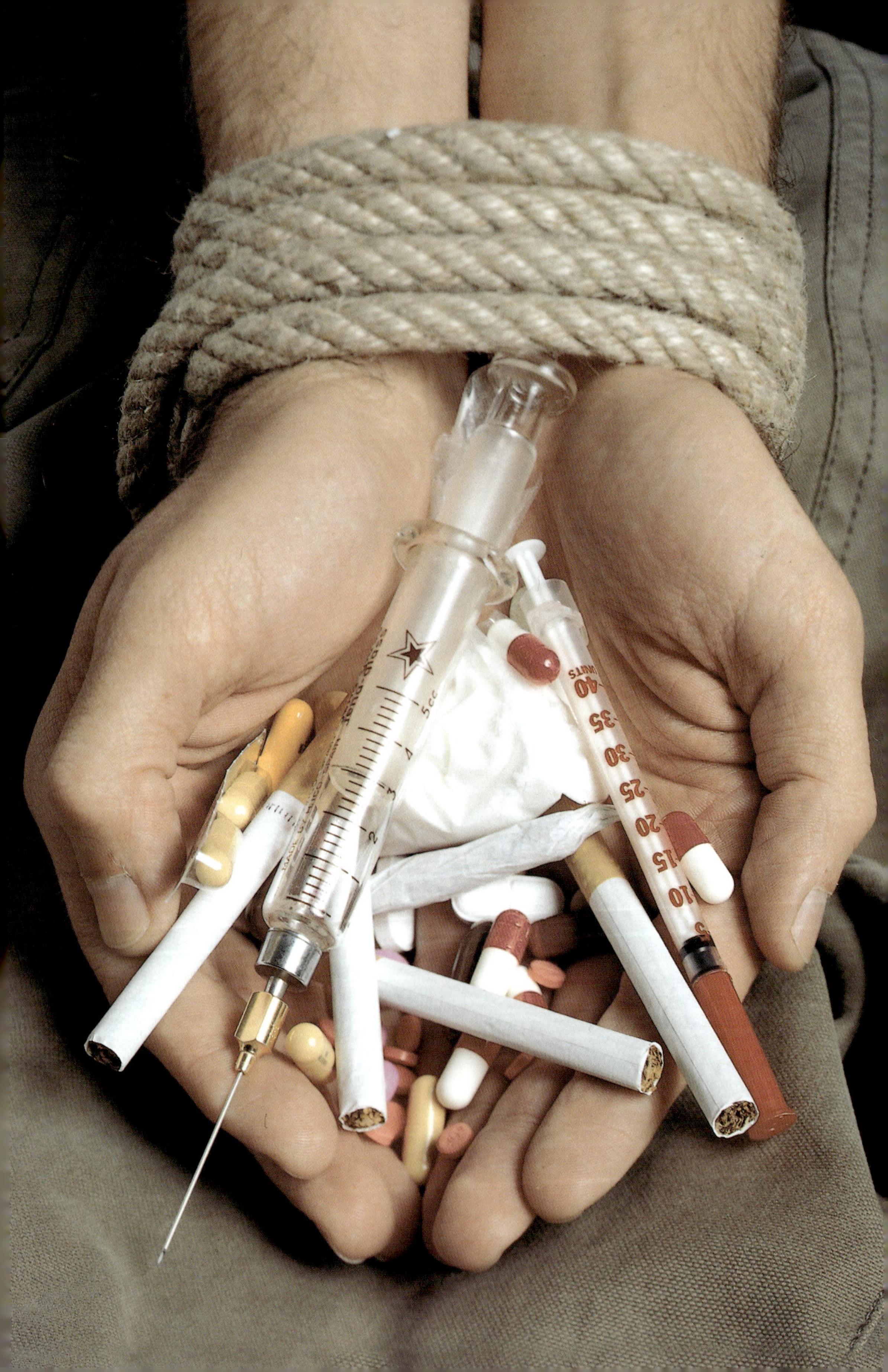
5cc
40
35
30
25
20
15
10

6

El adolescente y las drogas

> **Hay muchas drogas que convierten el cerebro en papel mojado.**
>
> MANUEL GUTIÉRREZ MELLADO
> General español, presidente de la Fundación de Ayuda contra la Drogadicción
> 1913-1995

> **La intemperancia de cualquier clase es una violación de las leyes de nuestro ser.**
>
> ELLEN G. WHITE
> Escritora norteamericana
> 1827-1915

ELLA SOSPECHABA, con bastante fundamento, que su hijo Santiago andaba con drogas; pero ni se le había pasado por la imaginación que acabaría con semejantes problemas.

Por ser madre soltera, tenía que trabajar largas horas fuera y dentro de casa. Las posibilidades de pasar algún tiempo con su hijo eran mínimas, y, además, en su momento pensó que el muchacho ya se iba haciendo mayor y podía cuidarse por sí solo. Unos días después de que Santiago cumpliese los 17 años, la llamaron por el teléfono del hospital comunicándole que su hijo estaba internado. No le dijeron la causa; solamente que estaba fuera de peligro. Allí descubrió que había intentado suicidarse cortándose las venas de la muñeca izquierda.

Santiago había empezado a fumar a los 12 años. En realidad no le gustaba, pero quería ser como sus amigos. De la misma manera se había iniciado en el alcohol y

continúa en la página 125

POR QUÉ SE CAE EN LA DROGADICCIÓN

¿Cuáles son los mecanismos psicológicos de la adicción?
¿Por qué el drogadicto persiste en su conducta?
Las respuestas son diversas. En este cuadro se ofrecen tres posibles explicaciones:

1. **Teoría de la evitación del síndrome de abstinencia.** El joven prueba la droga por curiosidad o por presión de los amigos. Después de consumirla varias veces, su organismo adquiere **tolerancia.** Esto indica que, para obtener los mismos efectos, necesita administrarse una **dosis** un poco **mayor a la anterior.** Si la dosis no llega, aparecen los síntomas propios de la abstinencia (en lenguaje vulgar: el "mono"), que son muy desagradables. Esta teoría explica que el joven muestra conductas adictivas porque quiere evitar el dolor y la incomodidad de estos síntomas.

   Ejemplo: El heroinómano ha adquirido tolerancia. Por tanto, va a llegar el momento en que su organismo le pida una dosis. La forma de pedir esa dosis será a través de sudores, diarrea, fiebre, hipertensión y otros síntomas desagradables. Consecuentemente, el heroinómano hace lo posible por conseguir una dosis y evitar los síntomas.

2. **Teoría apetitiva.** El joven se inicia en la droga porque busca el **placer** que esta proporciona. La recompensa viene cuando siente los efectos deseables de la sustancia. El deseo por continuar en este estado o por volver a experimentar placer es lo que impulsa al adicto a buscar más droga y permanecer en el ciclo de la adicción.

   Ejemplo: El fumador de "porros" conoce los efectos del hachís o marihuana: lo hace sentirse más sociable y más relajado, a la vez que le produce un cierto bienestar. Aun conociendo los inconvenientes, fuma por conseguir ese estado deseable.

3. **Teoría del hábito.** El joven toma la droga porque se la ofrecen o porque siente una curiosidad inicial. Por uso continuado, adquiere el hábito o la costumbre de consumirla. Las conexiones nerviosas que intervienen en la conducta adictiva se refuerzan. Así, el hábito llega a formar parte de la vida diaria. Esta teoría explica especialmente el **mecanismo de adicción psicológica** de las drogas.

   Ejemplo: El fumador de tabaco tiene ante sí una larga serie de estímulos que lo incitan a fumar: el despertar, el terminar de comer, el sentirse nervioso, el encontrarse con un amigo, el sentarse en su sillón favorito... Todos estos estímulos han creado y mantienen el hábito de fumar.

En la mayoría de los casos la adicción no se explica por una sola de estas teorías sino por la combinación de dos de ellas, o incluso de las tres. Además, la naturaleza de la droga consumida hace que el proceso de adicción varíe.

viene de la página 123

en el hachís. Además probó muchas otras drogas. Su vinculación con la pandilla en la que estaba integrado lo indujo a empeorar su conducta: faltaba a clase muchos días, robaba cerveza y licores de los comercios, mentía a su madre constantemente para conseguir dinero... Con los meses y la instrucción de sus amigos, aprendió a robar automóviles solo para divertirse. Llegó a tener varios incidentes con la policía, pero, por fortuna pudo salir airoso. Las explicaciones a su madre iban bien adornadas y siempre la culpa era ajena.

El consumo de alcohol y de "porros" había pasado a formar parte de los hábitos de Santiago. No contaba con planes para el futuro ni ilusiones. Suspendía todas las asignaturas, pero eso ya no le importaba lo más mínimo. Algunos días, y sobre todo los fines de semana, pasaba horas en compañía de sus amigos, fumando "porros" y bebiendo.

Un fin de semana, cuando se hallaba bajo el efecto de la droga, se molestó profundamente por algo que dijo uno de sus compañeros. Se insultaron mutuamente y pronto empezó la pelea. Santiago salió perdedor. Con el amor propio herido, Santiago fue a casa de un amigo a pasar la noche. Allí, en el cuarto de baño, intentó quitarse la vida. Su amigo pudo rescatarlo a tiempo y llevarlo al hospital. Allí fue donde lo encontró su madre. Más tarde, el muchacho declaró que lo hizo por sentirse deprimido y sin ganas de vivir por haber sido humillado en la pelea. Esta manera exacerbada de sentir y de actuar se debía al efecto de las sustancias ingeridas. En estado normal, Santiago no habría hecho nada semejante.

La adicción

Una persona se convierte en adicta a una sustancia (droga, alcohol, etc.) cuando la carencia de la misma le ocasiona dificultades. El término **'dependencia'** podría usarse para indicar lo mismo que 'adicción'.

La adicción se hace patente cuando el sujeto persiste en el consumo de drogas, a pesar de ser consciente de sus peligros. Se propone abandonarlas pero no lo consigue y tiene que volver a ellas.

- Hay sustancias que producen **dependencia física**. Esto significa que, al dejar de tomarlas, el sujeto experimenta dolores intensos de localización variable, temblores, náuseas, sudoración, etcétera. Es el **síndrome de abstinencia,** vulgarmente llamado "mono".
- Otras sustancias ocasionan **dependencia psicológica**. En este caso el sujeto siente fuertes deseos de drogarse, y no parece tener la fuerza de voluntad necesaria para evitarlo. Le resulta muy difícil continuar sus tareas habituales sin antes tomar la droga.

El término 'droga' lo usamos en un sentido general que incluye *todas las sustancias que alteran las funciones cerebrales y crean dependencia*. Esta definición incluye tanto drogas legales como ilegales, es decir, las socialmente aceptadas y las rechazadas. Precisamente, el consumo de drogas en la adolescencia está dominado por las drogas legales (tabaco y alcohol) y, dentro de las de tráfico ilegal, por las mal llamadas "blandas" (*cannabis*, éxtasis, LSD).

Por regla general, el consumidor de sustancias psicoactivas no empieza inyectándose heroína, sino que se inicia primero en las drogas legales. Se observan tres etapas progresivas en el consumo de drogas:

- La **primera etapa** se caracteriza por el consumo de alcohol y de tabaco.
- La **segunda etapa** incluye drogas que no se venden en establecimientos, pero cuyo consumo no comporta delito en la mayoría de los países donde se consumen. El ejemplo más común es el *cannabis* (hachís, marihuana).
- La **tercera etapa** comienza con el uso de drogas ilícitas y de efectos más radicales a corto plazo. Por ejemplo, la cocaína, la

continúa en la página 127

EL CONSEJO DEL PSICÓLOGO

Problemas de adicción

Mi marido bebe en exceso y por eso en casa tenemos los problemas típicos del alcoholismo. He oído que los hijos de padres alcohólicos tienen mayor probabilidad de ser también alcohólicos. ¿Qué puedo hacer para evitar esta fatalidad?

Es posible que antes de ayudar a sus hijos necesite ayudar a su marido. Intente hacerle comprender que necesita acudir a un especialista o centro de rehabilitación de adicciones (ver cuadro pág. 133). Hágalo en un buen momento, cuando se muestre **receptivo**; use un tono relajado y sin poner el énfasis en lo que usted sufre, sino más bien en cómo se sentirá él después de haberse librado de la adicción.

Por lo que se refiere a sus hijos, el objetivo es que desarrollen una **actitud correcta** hacia el alcohol. Hable con ellos del alcohol y sus problemas, pero sin poner el ejemplo de su padre. Necesitan entender que el alcohol no es tan divertido como lo presentan ciertas películas. Es una **sustancia tremendamente peligrosa** que muchos no pueden controlar. Encauce sus esfuerzos hacia la prevención: dedíqueles tiempo, hágase su amiga, no los sobreproteja, reconozca sus valores... Y especialmente, enséñeles cuanto antes a entender que es necesario afrontar los retos de cada día, en vez de evadirse de ellos por medio de sustancias químicas. Así aprenderán a solucionar sus problemas por sus propios medios, sin recurrir el alcohol.

* * *

Soy padre de un muchacho de 16 años y tengo fundadas sospechas de que mi hijo consume drogas. ¿Qué puedo hacer?

En primer lugar, no se apresure a gritarle. Trate de mantenerse tranquilo y piense en lo que va a hacer. Usted quiere ayudarlo y apoyarlo, no hundirlo. Estos pueden ser los pasos más recomendables:

1. **Hable con él para interesarse por el problema.** Averigüe el alcance de su relación con la droga. ¿Ha empezado recientemente o lleva ya tiempo? ¿Qué drogas consume? Esto le dará idea de la magnitud del problema.
2. **No dude en manifestarle su desaprobación y su preocupación.** Pero muéstrese dispuesto a ayudarlo. El muchacho debe entender que usted rechaza lo que ha hecho, pero que aun así sigue queriéndolo.
3. **Trate de encontrar la raíz del problema.** A veces es la inseguridad, otras un sentimiento de inferioridad, otras una sensación de rechazo... Invítelo a que hable de ello.
4. **Muéstrele de palabra y obra que está usted dispuesto a ayudarlo en lo que necesite.** Intente con buenas maneras que él se ponga del lado de usted, no de sus amigos.
5. **Continúe edificando una buena relación de amistad.** Dedique tiempo a su hijo. Anímelo a que abandone sus hábitos.
6. **Busque ayuda para su hijo.** Si el problema no empieza a remitir por medio de esta relación terapéutica entre padre (o madre, si fuera el caso) e hijo, busque ayuda. No piense que con el tiempo, todo se arreglará. Consulte al médico. Contacte con organizaciones de apoyo: grupos de autoayuda, terapia a drogadictos, etcétera.
7. **Busque ayuda para usted.** Usted también necesita apoyo para poder ayudar a su hijo. Necesita alguien con quien hablar de todo esto y de quien recibir consejos. Acuda a miembros de su familia, a consejeros experimentados o a profesionales de la salud mental si es necesario. Y, si es usted creyente, no olvide aferrarse al Poder celestial.

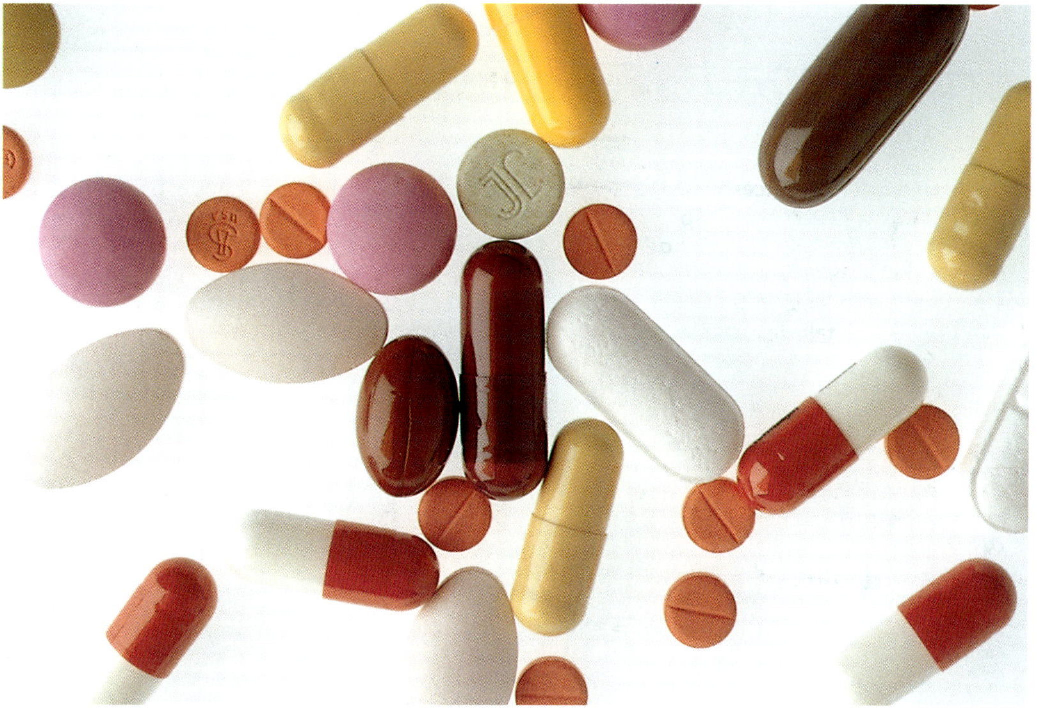

Atrayente... engañosa... ¡esclavizante! El gancho de la droga radica en su manera insidiosa de introducirse en nuestras vidas. Quienes fomentan su uso, a fin de que resulte atractiva, la ofrecen en ambientes luminosos, coloristas y sensuales. El sutil engaño consiste en parecer inofensiva y ofrecerse como solución a los problemas psicológicos del adolescente. Y en lugar de placer y liberación suele acabar provocando una dura y espantosa esclavitud, de la que salir no es nada fácil. Algunas de las drogas, aunque admitidas socialmente, e incluso con carácter legal, no son por ello menos adictivas ni menos nocivas. Otras son productos farmacéuticos, que, empleados bajo control médico, resultan beneficiosos, pero usadas de forma inadecuada, son igual de nocivas que todas las demás drogas.

viene de la página 125

heroína o sustancias sintéticas de efectos comparables.

No es indispensable alcanzar la tercera etapa para ser ya un drogodependiente. En cualquiera de las tres puede uno llegar a convertirse en adicto. Las tres teorías del cuadro de la página 124 explican cómo se produce y cómo se mantiene esta dependencia.

La mayoría de los adolescentes que consumen drogas se mantienen en las dos primeras etapas y nunca llegan a la tercera. Sin embargo, casi todos los que se hallan en la tercera etapa han pasado por las otras.

De cualquier manera, los riesgos indirectos, incluso para los usuarios ocasionales, son considerables:

- fracaso escolar o problemas de rendimiento laboral,
- conflictos de relación,
- delincuencia,
- conducta violenta,
- accidentes bajo el efecto de las sustancias tóxicas.

continúa en la página 129

La verdadera cara de las drogas

Cada droga tiene su propio repertorio de inconvenientes. Ahora bien, todas comparten una serie de peligros comunes. A continuación se esbozan los más notables.

- Las drogas crean **adicción**. Este fenómeno es en sí mismo pernicioso. La adicción priva a quienes las consumen de su libertad de acción.
- Las drogas **atacan al cerebro**, centro de todas las funciones vitales. Cuando una sustancia provoca una lesión cerebral, se están produciendo alteraciones –a veces, irreversibles– en las funciones orgánicas. Además, cuando una sustancia psicoactiva destruye varios miles de neuronas, la pérdida es definitiva.
- Las drogas hacen que el organismo desarrolle **tolerancia**. Cuando se introduce una sustancia nociva en el cuerpo humano, este reacciona intentando eliminarla. Al mismo tiempo, se prepara para tolerarla. Esto hace que el usuario de la droga, para alcanzar los efectos deseados, necesite una **dosis cada vez mayor**. Lógicamente, el equilibrio orgánico se rompe en el momento en que la dosis es excesiva, y esto produce síntomas muy graves, llegándose a la muerte en ciertos casos.
- Muchas drogas crean una alta **dependencia física**. Esto significa que el toxicómano que deja de tomar la sustancia o reduce la dosis, sufre el **síndrome de abstinencia**: dolores intensos de localización variable, temblores, náuseas, sudoración, debilidad general e importantes problemas sociales que vienen a consecuencia de la impaciencia, la intolerancia y el humor iracundo, agresivo y violento.
- Prácticamente todas las drogas crean **dependencia psicológica**. El joven habituado necesita la droga para poder seguir funcionando y se siente incapaz de seguir adelante sin ella.
- Las drogas **afectan a órganos específicos**. El alcohol, por ejemplo, ataca especialmente al hígado y al corazón; el humo y los alquitranes del tabaco dañan los pulmones; los derivados del opio –heroína, morfina, metadona– afectan considerablemente al cerebro.
- Las drogas despiertan **trastornos mentales** latentes y también pueden provocarlos. El manual de DSM–IV de uso psiquiátrico enumera más de 60 cuadros clínicos asociados con el consumo de drogas.
- Además, hay **factores de riesgo** asociados. Es el caso del uso de drogas por vía parenteral (UDVP) o intravenosa, que puede transmitir el **sida**. Por ejemplo, en España, las dos terceras partes de los portadores del VIH (virus del sida) se contagiaron por causa de las drogas.

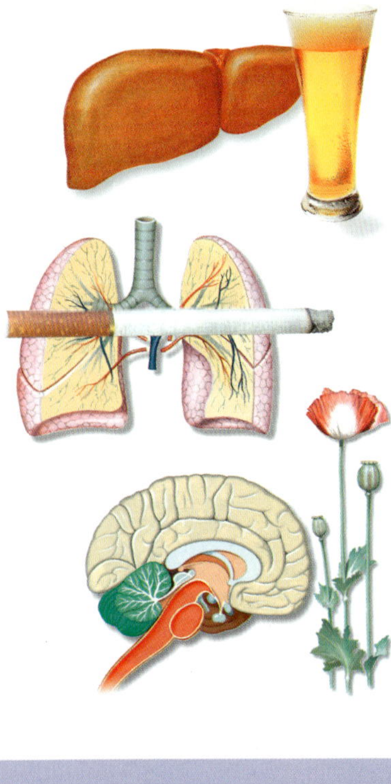

"¿Por qué empezaste?"

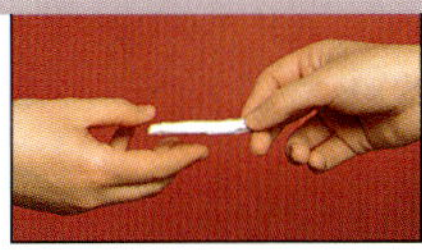

- «Porque quería **ser como los demás.**»
- «Para **escapar de los problemas** [relativos al hogar o a los estudios].»
- «Me dejé arrastrar por los **amigos.**»
- «Por **aburrimiento.**»
- «Quería experimentar **nuevas sensaciones.**»
- «Porque me gustaba el **riesgo.**»
- «Para llevar la contraria a mis padres... por **rebeldía.**»

viene de la página 127

Y en cuanto a los **riesgos** directos, también son numerosos. El cuadro de la página anterior detalla los principales.

Factores influyentes

Es importante determinar las circunstancias que obstaculizan o favorecen la toxicomanía. Ello contribuye a una mejor acción preventiva. A continuación esbozamos una serie de factores que los especialistas consideran de influencia significativa.

1. **La familia.** Muchos de los jóvenes que consumen drogas provienen de familias en donde también se usan. El **ejemplo** de los **padres** (especialmente en los primeros años) crea en los hijos un deseo inconsciente de **imitación**. En muchos hogares se consumen bebidas alcohólicas, se fuma, y se ingieren de continuo tranquilizantes e incluso otras drogas socialmente admitidas que muchos consideran inocuas; lo cual contribuye a generar una actitud favorable a su consumo.

2. **Los amigos.** Diversas investigaciones ponen de relieve que la influencia del grupo es el **factor principal** en la iniciación al consumo de drogas. En efecto, el círculo de amigos del centro escolar y de la calle ocupa un primer plano en la vida del adolescente. Si el consumo de cierta sustancia está bien visto por el grupo, el adolescente siente un fuerte deseo de conformarse a las expectativas. Además, cuando cede a la **presión del grupo**, obtiene la aprobación y el aplauso de los demás. Este reconocimiento resulta esencial para ciertos adolescentes, así que hacen lo que sea necesario para obtenerlo.

3. **El entorno sociocultural**. La incidencia del consumo de sustancias es proporcionalmente mayor en ciudades grandes que en zonas rurales y aún más en zonas donde se halla disponible. A nivel general, la **actitud social** hacia las drogas afecta a su consumo. Por ejemplo, los programas de información y prevención de las drogas hacen descender el consumo y evitan muchos accidentes que se producen por ignorancia. Mientras que cuando las drogas se exaltan (por ejemplo, las estrellas del *rock* declaran que ellos las usan, o las películas muestran conductas adictivas como algo deseable), su consumo se incrementa.

   Es precisamente este entorno el que invita a muchos jóvenes que, en otro contexto, nunca se sentirían inclinados hacia las drogas.

4. **La predisposición genética.** Varios estudios sobre gemelos y familias han puesto de manifiesto que hay personas con mayor predisposición genética que otras a ser víctimas de las bebidas alcohólicas. Aparte del alcohol, no hay estudios que revelen la influencia de la genética en el consumo de otras drogas. No obstante, por la similitud de todos los mecanismos de adicción, es muy po-

El alcohol, como cualquier otra droga, intenta revestirse siempre de una fachada sonriente y atractiva, con el fin de ocultar su verdadero rostro.

A diferencia de otras sustancias tóxicas, el alcohol ha logrado una aceptación social generalizada, a pesar de que sus efectos adversos son bien conocidos: familias destrozadas, maltratos físicos, percances laborales, mortales accidentes de tráfico, violencia, marginación y delincuencia.

Y un gran problema es que, como decía el psiquiatra Emilio Bogani en un simposio sobre alcoholismo celebrado en Madrid: «Lo malo de esta droga es que es tan barata como la leche».

sible que este factor se halle presente en otras drogas.

5. **El propio sujeto.** A pesar del entorno familiar y social, e incluso con la predisposición genética, la **determinación personal** tiene un papel clave. En efecto, la firme decisión de no usar sustancias psicoactivas es un factor que fortalece la voluntad. La existencia de ilusión por vivir, de objetivos a cumplir, mantiene a los jóvenes ocupados en tareas productivas y previene el uso de drogas.

Las drogas más comunes

La imagen del heroinómano bajo los efectos patéticos de los síntomas de abstinencia y con el deseo vehemente de conseguir otra dosis, tiene una gran importancia humana. Sin embargo, es algo que se da en uno o dos adolescentes de cada mil.

Existen otras sustancias cuyos efectos son más lentos y menos espectaculares pero que afectan a muchos más adolescentes. En última instancia, estas sustancias causan daños personales y sociales muy superiores a las mal llamadas "drogas duras". Nos referimos al tabaco, al alcohol, al hachís o a las drogas de diseño, que son las sustancias más consumidas por los adolescentes de ambos sexos.

Mucha gente piensa que el **tabaco** o el **alcohol** no son drogas. Quizá porque se adquieren en establecimientos elegantes y dentro de la legalidad. O tal vez porque nadie se extraña de ver a un caballero tomándose unas copas en el bar o a una señora fumándose un cigarrillo en el restaurante.

A pesar de todo, una cosa ha de quedar clara: No importa el nombre que la sustancia tenga, si está bien o mal vista por el público o si es legal o ilegal, admitida socialmente o rechazada por la sociedad, **'droga'** es ***toda sustancia que, siendo nociva, crea hábito***.

Si usamos este criterio amplio para definir la droga, nos damos cuenta de que más de la **tercera parte** de los **adolescentes** están afectados por ella. Esto resulta especialmente llamativo los fines de semana, bien en bares, bailes y discotecas, o bien durante las fiestas en domicilios particulares.

Y en tales ámbitos, el tabaco y el alcohol son las drogas legales de mayor difusión entre los adolescentes. El **tabaco** contiene nicotina, sustancia química altamente tóxica. Hay muchachos y muchachas muy jóvenes que ya están habituados al cigarrillo. Cuanto más pronto consigan librarse del hábito, mejor será para ellos y para las personas de su entorno. La sección *"Para ti"*, en la página 132, ofrece algunas sugerencias a este efecto.

El **alcohol** también es una droga ampliamente difundida. Su aprobación social y su popularidad contribuyen a que los más jóvenes se inicien en el consumo. Por tanto, sin olvidar la necesaria comprensión hacia sus víctimas, es misión de todos favorecer una actitud adecuada respecto a las bebidas alcohólicas para prevenir su consumo. El cuadro de la página 133 presenta algunas ideas al respecto.

Además del consumo de sustancias psicoactivas, existen otras conductas, libres de química, que pueden provocar problemas de gran magnitud en los jóvenes y adolescentes. Un ejemplo característico lo constituye la **ludopatía**, o adicción a los juegos de azar (ver cuadro en pág. 136).

Los signos externos

Un número considerable de adolescentes son usuarios habituales de alguna droga, y sin embargo, en muchos casos, ese hábito suyo pasa inadvertido por su propia familia. Esto impide que el muchacho o la muchacha reciba orientación y ayuda de su entorno afectivo más directo. Si usted observa indicios de que su hijo, o su hija, consume alguna sustancia tóxica, su actuación puede evitar muchos problemas mayores.

¿Cómo detectar el uso de drogas?

No espere encontrar jeringuillas sucias debajo de la cama o montoncitos de polvo blanco en un cajón. Los **signos** son mucho más **sutiles** y, generalmente, excluyen la propia droga:

- papel de aluminio troceado o arrugado,
- una pipa de fabricación casera,
- restos de un cigarrillo de hachís o marihuana, o papel de fumar,
- manchas u olores extraños en la ropa.

También existen **conductas** que pueden relacionarse con el consumo de drogas. Estas suelen ser las más comunes:

- pérdida de apetito,
- cambios inesperados del estado de ánimo,
- pérdida de interés por los estudios, los deportes y las aficiones habituales,
- somnolencia y pereza,
- mentiras,
- necesidad de dinero sin explicación razonable,
- hurtos en casa (dinero, objetos de valor),
- mucho tiempo fuera sin explicar dónde o con quién.

continúa en la página 134

PARA TI

"¿Quieres dejar de fumar?"

El tabaco es la droga de menor riesgo... a corto plazo. Pero a largo plazo es la sustancia que quita la salud y la vida a mayor número de personas...

Si consideras importantes tu salud y tu familia, prueba a seguir estos simples consejos.

1. Confecciona una lista con tus razones para dejar el cigarrillo: Deteriora la salud y acorta la vida, produce un constante mal aliento, incita a otros a iniciarse, molesta a los no fumadores... Esto reforzará tu convicción de lo bueno que es alejarse del humo.

2. Piensa en los beneficios inmediatos: Menos tos y dolor de garganta, bienestar general, aumento de la resistencia física, eliminación de olores en la ropa y el pelo, ahorro de dinero...

3. Examina tus hábitos. Existe una infinidad de hilos invisibles que te atan a objetos y situaciones que favorecen el hábito. Identifica esas circunstancias y evítalas al máximo: «Cuando me despierto...» «Cuando estoy algo nervioso...» «En los descansos de las clases o del trabajo...» «Si voy con ciertos amigos...» «Al salir por la puerta de casa...» Utiliza algún método para hacer frente a esos momentos: mascar chicle, respirar profundamente, decirte a ti mismo: **«¡He decidido dejar de fumar!»**, o incluso correr un rato.

4. Deja de fumar de una sola vez. Existen casos extremos en los que puede ser necesaria una desintoxicación progresiva. Sin embargo, la mayoría de las veces es preferible dejar de fumar de una sola vez.

5. Incluye a algún amigo. Si tienes un amigo que, como tú, ha decidido dejar de fumar, compartid este propósito. Reuníos una o dos veces al día para compartir experiencias y animaros mutuamente.

6. Apártate del tabaco y sus accesorios. Retira de tu vista los cigarrillos, los ceniceros, los encendedores, etcétera. Todos estos objetos evocan el recuerdo y el deseo del tabaco.

7. Evita la compañía de fumadores. Estar entre fumadores es una tentación demasiado fuerte para los que están intentando dejarlo.

8. Consume productos sanos. El periodo de desintoxicación debe ir acompañado de una dieta adecuada: abundancia de frutas, verduras y otros productos naturales. Los líquidos (agua y zumos naturales) son indispensables. Evita el alcohol y las comidas fuertes.

9. Haz ejercicio. El ejercicio físico sistemático y el deporte han permitido que muchos fumadores jóvenes y adultos abandonen el hábito.

10. Apóyate en la dimensión espiritual. Al intentar vencer el hábito de fumar notarás que, a veces, te resulta imposible resistir el deseo. Y es que hay momentos en los que necesitamos un apoyo sobrenatural, una fuerza espiritual. Prueba a orar a Dios como si hablases con un amigo que te conoce mejor que nadie. Pídele con confianza la ayuda que necesitas para vencer el problema. Los resultados pueden ser sorprendentes.

* * *

A través de los teléfonos, fax o e-mail que figuran en la página 4, puedes conseguir el vídeo "**Cómo dejar de fumar en cinco días**", así como diversas publicaciones sencillas y asequibles, que pueden ayudarte a comprender los beneficios de abandonar el tabaco y te presentan un método natural y eficaz para conseguirlo.

El alcohol, un problema de todos

Los efectos del alcohol pueden ser para toda la vida. Es tarea solidaria hacer frente a este problema. Veamos algunas sugerencias.

- **Información y prevención.** La familia, el centro escolar, el barrio... pueden ser focos de información veraz. Los niños y jóvenes necesitan saber cuáles son las bebidas alcohólicas, su graduación y cómo afectan al organismo. Deben conocer sus efectos, tanto entre quienes las consumen, como entre muchos que nada tienen que ver con ellas. Y pueden ser estimulados a seguir un **nuevo estilo de vida**, que incluya, por ejemplo, la práctica deportiva.
- **El ejemplo de padres y adultos.** El mundo adulto es el espejo de los más jóvenes. Los mayores deben, pues, **abstenerse por completo** del alcohol. En los hogares familiares debe haber alternativas: zumos de frutas y refrescos sin alcohol.
- **Considerar las medidas legales.** Las autoridades han elaborado medidas contra el alcoholismo. Los ciudadanos hemos de acatarlas y recordarlas continuamente. Las etiquetas de las botellas (con sus grados de alcohol correspondientes) han de ser claras y visibles. Es esencial respetar las restricciones de ventas a menores. Cualquier persona que decida beber **jamás** debería **conducir bajo el efecto del alcohol.**
- **Impulsar una actitud correcta hacia el alcohol.** Los riesgos implicados no deberían tomarse a la ligera. El alcohol destruye la salud, e incluso la vida, de modo que su consumo debe considerarse muy seriamente.
- **Desarrollar una actitud sensible hacia el alcohólico.** El alcohólico es un enfermo que merece respeto y consideración. Se trata de alguien que ha llegado a una situación que inicialmente no deseaba, y que ahora necesita ayuda y apoyo.
- **El alcohólico requiere tratamiento.** El alcoholismo es un trastorno con vertiente orgánica y psicológica. Como enfermedad, exige la intervención profesional de expertos en salud física y mental.
- **Un grupo de autoayuda,** como Alcohólicos Anónimos,* **es una vía excelente de curación y de mantenimiento de la sobriedad.** Resulta muy difícil luchar a solas. Por ello, el alcohólico se beneficia de la relación con otros afectados.
- **El papel de la familia es fundamental.** Tanto en los tratamientos ambulatorios como en los demás tipos de desintoxicación, la familia o los amigos pueden ser el elemento más importante. No solo son **fuente de ánimo y apoyo emocional**, sino que también aportan al paciente ventajas prácticas: ambiente libre de sustancias tóxicas, descanso, buena alimentación, paciencia y control.

---

* Para informarse de los grupos de **Alcohólicos Anónimos** más cercanos a su domicilio, pueden ponerse en contacto con la sede central española por **teléfono:** 98-556 63 45 o **fax:** 98-556 65 43

viene de la página 131

Pero tenga cuidado de **no culpar** a su hijo demasiado pronto. Estas mismas conductas pueden ser irregularidades propias del desarrollo adolescente. Si es probable que su hijo esté consumiendo alguna droga actúe pronto, pero teniendo muy en cuenta las orientaciones que se ofrecen en la página 126, ***"Problemas de adicción"***, dentro de la sección *"El consejo del psicólogo"*.

Cómo prevenir

No es recomendable esperar hasta el día en que usted encuentre evidencias de drogadicción para actuar. Lo ideal es que todos los padres con hijos en edad escolar los preparen para afrontar las decisiones que casi inevitablemente tendrán que tomar en relación con el consumo de sustancias psicoactivas.

- **Hable a sus hijos del problema de la droga desde la niñez.** Antes de que alguien le ofrezca alguna sustancia, el muchacho debe estar informado. A veces, los centros escolares realizan esta labor, pero el diálogo personal con el padre o la madre resulta aún más eficaz. Hábleles de lo que produce la droga en el cerebro y en otros órganos. Explíqueles el **poder adictivo** de todas ellas. Adviértales que hay drogas (como el tabaco, el alcohol o los tranquilizantes) que son legales, pero que pueden resultar muy peligrosas. A pesar de todo, no exagere con historias horripilantes e increíbles. El gran peligro de las drogas es precisamente su aparente inocuidad. Así que, si se exageran sus posibles efectos, se restará credibilidad al resto de las afirmaciones por ciertas y comprobadas que estén.
- **Dedique tiempo y atención a sus hijos.** Este es quizá el método mejor y más barato de prevenir el consumo de drogas, y de muchos otros problemas. Hable regularmente con su hijo o hija. Quizá ellos no quieran charlar ahora, pero sí más tarde, o mañana. Aproveche las oportunidades. No se ponga a ver la televisión o leer el periódico sin antes haberse interesado por sus hijos. Realice actividades con ellos: deportes, juegos, excursiones. Fomente los lazos familiares, para que cuando la droga invite, la familia venza.
- **Predique con el ejemplo.** Si usted fuma, bebe o consume otras drogas, está restando credibilidad a cualquier advertencia que haga a sus hijos. Y no ha de limitarse a dar ejemplo en lo referente a las sustancias tóxicas; la **armonía en el hogar** es fundamental. Es sabido que situaciones de **crisis familiar** han incitado a muchos adolescentes al uso de drogas.
- Cuando sus hijos entren en la edad adolescente (11–12 años), **cambie de técnica disciplinaria**. Muchos padres se extrañan de que su hijo no sea como era... Pero es natural que el niño deje atrás la niñez y quiera ser adulto. Por tanto, los padres han de cambiar de técnica. A partir de ahora el padre tiene que ser menos autoritario (órdenes y gritos), y **escuchar más**. Desde esta relación amistosa es mucho más fácil, y productivo, efectuar sugerencias.
- **Estudie las razones** por las cuales los adolescentes toman drogas (véase cuadro, pág.129). Esto determinará su actitud general.
- **Entable amistad con los amigos de sus hijos.** Invítelos a su casa, conózcalos. Durante la adolescencia, el grupo influye con más fuerza que en ninguna otra etapa de la vida. Recuerde que los propios jóvenes son los motores de iniciación a la droga de otros muchachos y muchachas.
- **Evite la sobreprotección.** Muchos adolescentes sobreprotegidos por sus padres (más frecuentemente por la madre) se sienten enjaulados en su niñez. Esta actitud paterna crea insatisfacciones que, a veces, encuentran escape por medio de la droga.

Para no tener que lamentar las funestas consecuencias de las adicciones a sustancias psicoactivas, el ejemplo paterno y el tiempo dedicado a conversar y jugar con los hijos pueden resultar decisivos.

- **Déle armas para defenderse.** En vez de prohibiciones, propóngale ideas sobre actividades creativas y sanas: naturaleza, deportes, música, lectura, colaboración solidaria...
- **Reafirme su autoestima.** Hay adolescentes que toman drogas porque quieren ser mayores, o quieren ser como los demás, o pretenden llamar la atención de los adultos. Muchos de ellos lo hacen porque tienen un concepto muy pobre de sí mismos. Estos muchachos y muchachas necesitan el **reconocimiento** de sus aspectos positivos. Desafortunadamente, muchos reciben de sus padres solo reprimendas y críticas, y su conducta se perpetúa. Piense en las virtudes, en las cualidades deseables, en detalles de conducta que merecen alabanza. Busque un momento de buena relación en la conversación y reconozca sus facetas positivas. Hable de su cariño por él o ella. Estas declaraciones de afecto pueden prevenir que se acuda a la droga como fuente de apoyo.

Cómo intervenir

Cuando el consumo de las sustancias psicoactivas ha alcanzado un alto grado, los padres necesitan ayuda externa.

La rehabilitación de las toxicomanías conlleva un componente técnico y profesional. Si pretendemos trabajar con un nivel de confianza aceptable y con una buena probabilidad de éxito, hemos de buscar **ayuda profesional**. Los ayuntamientos y los sistemas de salud pública cuentan con buenos sistemas de rehabilitación.

Pero la eficacia de cualquier método está sujeta al papel de la familia o el círculo allegado al adicto. He aquí algunas actividades a tener en cuenta por parte de los que viven cerca del afectado:

1. Póngase **a disposición de los terapeutas**. Ellos le indicarán las actitudes concretas que ayudan a la eficacia del tratamiento.
2. Use un **buen tono afectivo** con el joven en proceso de rehabilitación, pero sea

continúa en la página 137

LA LUDOPATÍA
UNA DROGA SIN QUÍMICA

Son cada vez más frecuentes los casos de **adicción a los juegos de azar**. Hay muchas modalidades: ruleta, bingo, apuestas deportivas, loterías, máquinas tragaperras, cartas (naipes) y otros juegos de mesa. Muchas personas juegan habitualmente perdiendo mucho dinero, pero sin mostrar síntomas serios. Otras reciben el diagnóstico de jugadores patológicos o **ludópatas** y requieren tratamiento psiquiátrico o psicológico. Finalmente, otras padecen las consecuencias de este trastorno sin acudir en busca de ayuda profesional.

Mencionamos aquí esta "droga" porque **la inmensa mayoría de los ludópatas se inician en la adolescencia**.

En efecto, el adolescente tiene una necesidad de autoestima superior a la de cualquier otra etapa. Desea tener éxito en algo, ser afortunado, poderoso, admirado por otros... Y un modo instantáneo de lograrlo es el juego.

¿Cuál es el mecanismo de los juegos de azar? El joven se inicia al observar a otros en el juego (muchas veces, sus propios padres). Si gana, su autoestima se enriquece y recibe un gran impulso para seguir jugando. Si pierde, alberga la esperanza de que la próxima vez ganará. Así se perpetúa la conducta.

¿Quiénes corren más riesgo? Los varones (más que las mujeres), los hijos de jugadores y los de alcohólicos, los jóvenes de personalidad confiada, los de carácter enérgico y los derrochadores. También, los hijos de familias en las que falta un progenitor, o de aquellas en las no se ejerce la disciplina, o en las que se exaltan los valores materiales sin poner el debido énfasis en el ahorro y el presupuesto.

¿Cuándo es patológico? Cuando el jugador es incapaz de resistir los impulsos al juego, a pesar de los daños personales, familiares y laborales o escolares que está sufriendo. Este estado se hace evidente cuando el jugador miente, no paga las deudas, pide prestado, solicita anticipos, falta al trabajo o a clase, y aspira a saldar sus cuentas cuando obtenga el dinero del juego.

¿Cuáles son las consecuencias de esta adicción? El ludópata es incapaz de razonar y percibe la realidad erróneamente. Niega estar perdiendo y se muestra convencido de que va a ganar mucho dinero. Aumenta sus apuestas para obtener mayores premios. Miente para explicar su conducta y conseguir más dinero. Entra en una dinámica de ilegalidades: falsificación, fraude, impago de deudas e incluso robo. La fase terminal del jugador compulsivo es la ruptura de lazos familiares y los síntomas de ansiedad y depresión, con intentos de suicidio.

¿Qué puede hacer la familia para prevenirlo?

- Dar **ejemplo** de rechazo al juego.
- **Inculcar** desde temprano valores de **economía personal y de trabajo.**
- Enseñar a **postergar las recompensas.**
- **Quitar valor al consumismo.**
- **Impulsar la autoestima** de los jóvenes.
- Poner el acento en las **posibilidades internas** (personales) **de triunfo.**

¿Cómo se trata la ludopatía? Por medio de psicoterapia especializada, enseñando al sujeto a gobernarse en los momentos de impulso, a reconstruir su autoestima (ver capítulo 5, especialmente págs. 100-105) y a conseguir la abstinencia del juego. En vez de pagar las deudas del adolescente, se elabora un plan asequible y progresivo para saldarlas con esfuerzo personal. Los **grupos de autoayuda** (por ejemplo, Jugadores Anónimos) constituyen una excelente vía de curación.

Peligroso terreno el de las drogas. Y en nuestra sociedad hay más de las que a veces queremos admitir: alcohol, cafeína, ciertos fármacos, aparte de las drogas no legalizadas (de origen natural: 'cannabis', morfina; semi-sintético: cocaína, heroína; o de síntesis química: LSD, anfetaminas, "éxtasis"). Aventurarse por semejante terreno es tan arriesgado, que lo mejor es pasar por encima de todo ello apoyados en principios del más alto valor.

viene de la página 135

claro y firme. Existe el peligro de sobreprotección y de falsa compasión que pueden interferir con el tratamiento.

3. Tenga **confianza en el plan de rehabilitación**. Es mejor cambiar de plan que seguirlo con escepticismo. Confíe en que el tratamiento para su hijo funcionará.

4. Recuerde que la voluntad del toxicómano es frágil y no se pueden esperar grandes avances a fuerza de voluntad. En lugar de ese método, **utilice incentivos**. Ayúdelo a entender las consecuencias positivas de la victoria sobre la droga. Prométale recompensas cuando alcance objetivos a corto plazo.

5. **No ceda** en darle dinero o medios para conseguir la droga. Cualquier plan de desintoxicación incluye la dosis correspondiente, si forma parte del tratamiento; pero nunca se espera que el afectado salga a la calle a conseguirla.

6. Mantenga al adicto **alejado de los ambientes que favorecen el consumo**: otros toxicómanos, objetos usados, lugares y ambientes donde se consumen drogas...

7. **No se deje manipular** por las "buenas intenciones" o el tono afectivo del toxicómano. Él necesita ahora su apoyo y su cariño, pero siempre acompañado de los límites marcados por el tratamiento.

8. **Confíe y ayude a confiar en el poder sobrenatural**. La voluntad es tan débil y la barrera tan fuerte que ciertos cambios solamente pueden ocurrir por medio de la ayuda divina. Utilice la oración y ejerza la fe. Anime al joven a que también lo haga.

9. Tenga **mucha paciencia**, los procesos de desintoxicación llevan su tiempo.

PARA TI

"En realidad, ¿qué son las drogas?"

Por 'drogas' entendemos todas las sustancias que alteran las funciones orgánicas y el comportamiento de quienes las toman.

Hay drogas ilegales, como la heroína, y las hay que son legales, como los tranquilizantes que receta el médico, los cuales, siempre que se empleen en la dosis prescrita tienen efectos beneficiosos. Además hay drogas que están abiertas al consumo público, como el tabaco; o bien el alcohol, que en algunos países incluso ha creado toda una "cultura", en la que no solo se tolera sino que se fomenta de forma más o menos explícita su consumo.

Todas tienen **en común** que

- afectan al cerebro y sus funciones,
- dejan restos químicos nocivos en el cuerpo, y
- crean hábito.

Muchas drogas generan **dependencia.** Es decir, si uno deja de tomarlas, experimenta síntomas muy desagradables.

TABACO

El fumador inhala sustancias venenosas como el **alquitrán**, la **nicotina** y el **monóxido de carbono**. Este gas venenoso también lo respiran los que no fuman cuando están cerca de algún fumador.

El tabaco produce sus efectos muy lentamente. Se puede tardar décadas en ver los resultados del tabaquismo. E incluso parece no afectar a ciertas personas. Sin embargo, la realidad es que el tabaco según la OMS (Organización Mundial de la Salud) es la **primera causa evitable de muerte.**

La ciencia ya no tiene dudas de que el tabaco produce enfermedades del corazón, cáncer, ataques cerebrales, bronquitis, mala circulación y úlceras. Las embarazadas que fuman suelen tener hijos más pequeños y con mayor riesgo de muerte al nacer.

Planta del tabaco

El hábito de fumar es muy fuerte. La mayoría de los fumadores que se proponen dejarlo, no lo consiguen solos. Además, el tabaco provoca **síndrome de abstinencia**: el fumador siente un intenso deseo de fumar cuando lleva un cierto tiempo sin hacerlo.

ALCOHOL

Los **efectos** del alcohol son **inmediatos**. El bebedor se siente alegre y hablador poco después de haber tomado alcohol. Y si sigue tomándolo, llegará hasta la ebriedad o la borrachera.

A corto plazo el alcohol hace que todos los músculos, incluido el corazón, se entorpezcan. La agudeza visual se pierde, especialmente por la noche y con luz artificial. La personalidad cambia, volviéndose el sujeto más impaciente y agresivo.

A largo plazo, el bebedor presenta un riesgo elevado de **cirrosis hepática, cáncer de boca y esófago**, así como gastritis crónica, anemia y desnutrición. En lo que afecta a la mente, el bebedor corre el riesgo de sufrir pérdida de memoria, alucinaciones y demencia degenerativa.

Hay quienes piensan que un poquito de bebida no hace daño, pero todas las víctimas del alcohol empezaron por poquito.

Los riesgos indirectos del alcohol son mayores que los de cualquier otra droga. Miles de personas mueren todos los años en **accidentes de tráfico**, homicidios y suicidios que jamás habrían ocurrido sin el alcohol.

Arbusto de la coca, de cuyas hojas se obtiene la cocaína.

ANFETAMINAS ("anfetas")

Las anfetaminas son medicamentos que a veces el médico receta para la depresión. Algunas se fabrican en laboratorios ilegales. Hay quienes las toman para mantenerse despiertos. Las anfetaminas suele presentarse en forma de píldoras; o bien, cuando han sido manipuladas ilegalmente, en polvo para "esnifar", e incluso pueden inyectarse.

Al tomarlas, se siente uno con energía y confianza; pero, al pasar su efecto, vienen los sentimientos de ansiedad (miedo) e irritabilidad.

Es **muy fácil "engancharse"** a esta droga. Además, hay que aumentar la dosis para conseguir los estados de ánimo de las veces anteriores. Por eso, los que la usan pueden intoxicarse muy fácilmente, y padecer alucinaciones.

COCAÍNA ("coca", "nieve", "dama blanca"...)

Puede tomarse de varias formas. La más común es por absorción nasal. También puede inyectarse o fumarse en cigarrillo o en pipa.

Aunque la composición es muy diferente a las anfetaminas, los efectos son prácticamente los mismos y los síntomas de intoxicación también son similares, aunque las alucinaciones vienen más rápidamente. La intoxicación por cocaína provoca el riesgo de accidentes y suicidios.

Por ser muy cara, la cocaína se presta a la **adulteración**. Los adulterantes causan efectos muy desagradables y, a veces, hasta la muerte por envenenamiento.

MDMA–éxtasis (XTC, "Adán", "droga del brazo")

Es una "droga de diseño" (sintética) similar a las anfetaminas. Se presenta en pastillas del tamaño de una lenteja. Pueden ofrecértela en una discoteca o en una fiesta, diciéndote que te sentirás más hablador y más cariñoso.

Se comenzó a usar como fármaco en psiquiatría, pero en los años ochenta se ilegalizó por sus riesgos.

Después de los efectos deseados, vienen los **efectos secundarios**: dificultades en la coordinación muscular, visión borrosa o sensación de frío.

El riesgo fundamental es su toxicidad sobre el **sistema nervioso**. Si se toma regularmente, puede producir trastornos psiquiátricos importantes: pánico, psicosis, paranoia...

LSD
("ácido", "tripi")

El "ácido" es un **alucinógeno**: produce imágenes irreales en la mente del que lo toma, con alteraciones en la percepción; por ejemplo, uno ve pequeño lo que es muy grande o viceversa. El contenido de las alucinaciones varía según el estado de ánimo y del ambiente. Por ejemplo, si el usuario está nervioso, preocupado o en un lugar extraño, el "viaje" puede ser muy desagradable, como una pesadilla.

Las facultades mentales y los reflejos disminuyen y es muy peligroso conducir u operar con maquinaria cuando se toma esta droga.

Los **riesgos psiquiátricos** son notables: paranoia, convulsiones, depresión. Los riesgos indirectos también son importantes: accidentes y suicidios.

'CANNABIS'
(hachís, marihuana, grifa, "hierba", "chocolate")

Se mezcla con tabaco y se fuma en cigarrillos vulgarmente llamados "porros" o "canutos". Puede también presentar la forma de pastillas de chocolate.

Sumidades floridas y hojas del cáñamo (*Cannabis sativa* L.), de cuya resina se obtiene el hachís.

Los **efectos** son **rápidos** y el fumador se siente relajado, hablador y despreocupado por los problemas.

Su consumo regular afecta a ciertas funciones mentales: disminuye la memoria, el razonamiento y la capacidad para resolver problemas, pues perturba la conexión entre las neuronas (ver cuadro pág. 142).

También afecta a la **motivación personal**. Quienes consumen "hierba" habitualmente suelen estar desmotivados, apáticos, sin metas ni objetivos, sin deseos de triunfar en nada.

Las investigaciones recientes señalan al humo del 'cannabis' como más cancerígeno que el humo del tabaco. El 90% de los adictos a la heroína y otras drogas "duras" empezaron fumando "porros".

INHALABLES

Ciertos gases que se desprenden de los **disolventes** producen efectos similares al alcohol. La presencia de estos disolventes en los pegamentos, las pinturas, los aerosoles,

etcétera, hace que muchos jóvenes prueben estas sustancias volátiles.

Los **efectos** de los disolventes son **inmediatos,** pues pasan rápidamente a la corriente sanguínea y llegan al cerebro.

Como en el caso del alcohol, los inhalables hacen sentirse alegre y finalmente ebrio. Las alucinaciones de estas sustancias pueden resultar agradables o pueden ser realmente terroríficas.

Un uso prolongado, puede dañar al cerebro, los riñones o el hígado de modo irreversible

Sin embargo, el riesgo más serio de los inhalables tiene que ver con la rapidez de su efecto. Hay muchachos que han muerto asfixiados al ponerse 'spray' en la boca, paralizando sus vías respiratorias; o tras quedar inconscientes cuando aspiraban de una bolsa de plástico con la sustancia dentro.

HEROÍNA ("caballo")

La heroína se obtiene del opio, sustancia de una planta oriental llamada adormidera. Su efecto es calmante: quita el dolor físico o psicológico dejando una sensación de placer. Se inyecta en las venas, y algunos la fuman o la "esnifan".

La heroína es **muy adictiva**. Los que empiezan a usarla se "enganchan" rápidamente, cometiendo robos y hasta homicidios para conseguir una dosis.

El adicto siente un bienestar que dura unas horas. Al acabar su efecto, experimenta dolores musculares, sudores, temblores, fiebre, diarrea... son los síntomas de la abstinencia o el "mono". Esto muestra la necesidad de otra dosis. Si la consigue, todos los síntomas desaparecen... al menos durante unas horas. Después necesitará otra dosis...

La **tolerancia** es un problema importante en este ciclo. El adicto necesita una dosis cada vez mayor para conseguir los mismos efectos. Así se puede llegar a la sobredosis: convulsiones, respiración irregular, estado de coma y muerte.

Otros riesgos de la heroína:

- **Depresión del sistema inmunológico:** El organismo pierde defensas y tiende a contraer enfermedades.
- **Adulteración química:** Para obtener más dosis, los traficantes usan adulterantes. Algunos son muy peligrosos y hasta pueden producir la muerte.
- **Hepatitis y sida:** El virus de estas enfermedades se transmite fácilmente por el uso de agujas y jeringuillas que han usado otros.
- **Hematomas:** Las repetidas inyecciones producen heridas internas y deterioro de los tejidos, y obstaculizan la circulación de la sangre.

Del látex que brota de las cápsulas de la adormidera se obtiene el opio. A partir de él se sintetizan, mediante un proceso químico, la morfina y la heroína.

EL HACHÍS O MARIHUANA PERTURBA LA CONEXIÓN ENTRE LAS NEURONAS

El hachís, conocido también como marihuana, perturba significativamente la **transmisión sináptica,** es decir, la conexión entre las neuronas (células del sistema nervioso). Todas las funciones orgánicas y las conductas humanas están gobernadas por el cerebro. Los miles de millones de **neuronas** que forman el sistema nervioso, se comunican entre sí mediante un mecanismo conocido como conexión sináptica.

En este dibujo se representa esquemáticamente cómo se produce la conexión sináptica. El detalle del recuadro nos muestra el axón (prolongación de una neurona) transmitiendo información a una parte de otra neurona.

Tanto el examen de sujetos bajo el efecto del hachís, como la experimentación clínica con animales (especialmente con monos 'rhesus') han mostrado claramente que el **THC** (tetrahidrocannabinol, ingrediente activo del hachís) altera la transmisión de la información entre las las neuronas. Se produce una transmisión lenta e irregular de los mensajes entre las neuronas, lo que trae, entre otras consecuencias, fallos en la memoria y en el razonamiento.

De ahí los trastornos de la conducta que se producen cuando se consume marihuana, aparte del riesgo que existe de que se produzcan lesiones nerviosas o cerebrales permanentes.

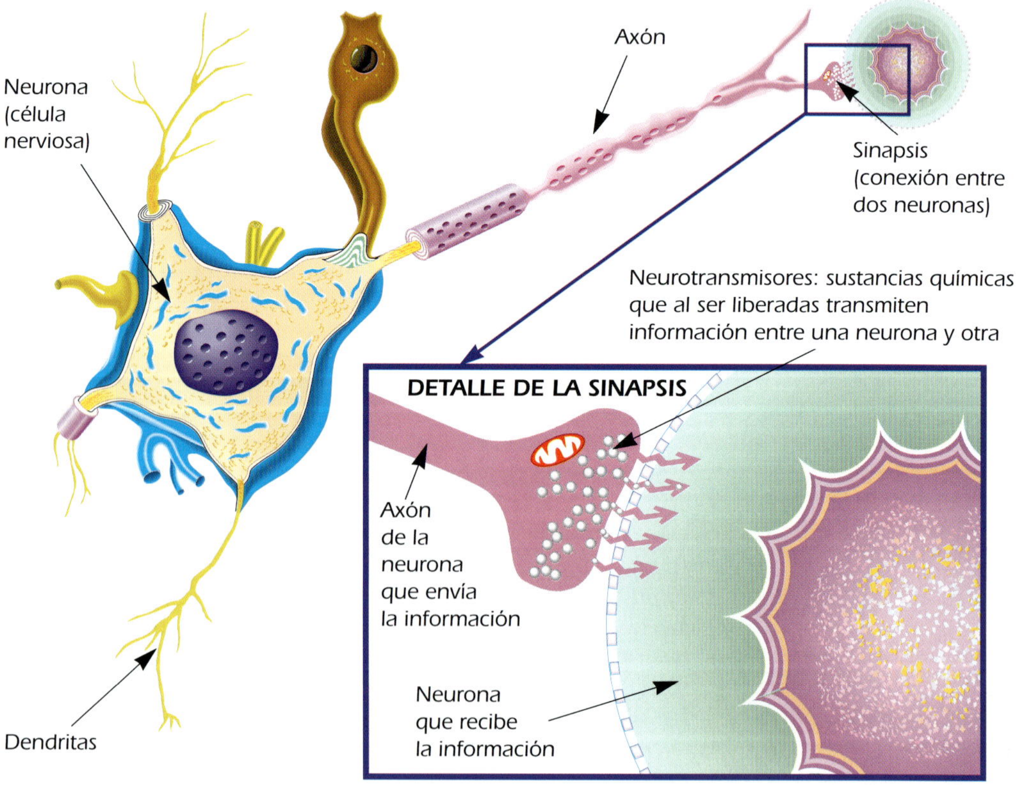

Pensándolo bien

LOS JÓVENES

Sincerándote a solas

Pregunta: ¿Consumes sustancias tóxicas?

Respuesta:

P: ¿Sabes por qué lo haces? ¿Has pensado en cuáles son las verdaderas razones?

R:

P: Seguramente no es ese tu caso, pero, ¿crees que puedes llegar a perder el control?

R:

P: ¿Te has planteado qué supone tu ejemplo para otros de voluntad más débil?

R:

P: ¿De veras te sientes ahora más libre?

R:

P: ¿Se te ocurre alguna razón, o varias, por las que crees que te convendría dejarlo?

R:

P: ¿Tomas alcohol? ¿Por influencia social? ¿Para vencer inhibiciones? ¿O hay otras razones?

R:

P: ¿Te parece que algo puede ser bueno porque le gusta o lo practica la mayoría?

R:

P: ¿Fumas? ¿Te das cuenta de lo que te puede perjudicar a ti... y a quienes te rodean?

R:

P: ¿Eres consciente del tremendo negocio que hay montado en relación con las drogas ilegales... y las legales?

R:

P: ¿Tienes algún otro tipo de adicción: los juegos de azar... o de otro tipo (de rol, videojuegos), la televisión, cierto tipo de literatura, los dulces, la música "electrizante"...?

R:

Reflexión final y conclusiones

LOS PADRES

Reflexionando con calma

Pregunta: ¿Son ustedes fumadores? ¿Toman alcohol?

Respuesta:

P: Si su hijo/a fuma, y ustedes no lo hacen, ¿le permiten fumar en casa?

R:

P: ¿Son conscientes de la importancia que tiene el ejemplo de ustedes para sus hijos?

R:

P: ¿Tienen ustedes clara noción de dónde se divierten sus hijos los fines de semana? ¿Les parece que sus hijos llevan una vida desordenada?

R:

P: ¿Les piden sus hijos demasiado dinero? ¿O quizá echan ustedes en casa de menos, y con frecuencia, algunas cantidades?

R:

P: ¿Se han enterado de que un hijo/a de ustedes consume drogas...? ¿Les parece una desgracia tremenda o más bien se preguntan qué pueden hacer para prestarle ayuda?

R:

P: ¿Son ustedes conscientes de que un toxicómano es un enfermo físico, psíquico y social, y que hay que proporcionarle ayuda profesional tanto como afectiva? ¿O tal vez puede más la vergüenza que el afán de ayuda?

R:

P: ¿Observan alguna otra adicción en sus hijos: máquina tragaperras, juegos, televisión, videojuegos, música, lecturas...?

R:

P: Si es así, ¿han detectado alguna carencia afectiva que haya podido inducirlos a ello?

R:

Reflexión final y conclusiones

7

La sexualidad

ROSANA, una jovencita de 16 años, acudió el lunes a clase con el deseo imperioso de contárselo todo a sus dos mejores amigas:

–Ayer lo hice...

Por la expresión del rostro y su pícara sonrisa, las amigas ya sabían que se refería al acto sexual. Y así, entre risas y expresiones de misterio, procedió a hablar del evento con todo detalle y a contestar las múltiples preguntas de sus amigas.

Parecía que Rosana hubiera avanzado un gran peldaño en la escalada hacia la madurez. Sin embargo, aquel mismo día dejó escrito en su diario:

«No podía resistir más la presión. Necesito ser una más... He hecho el amor con Alberto y ha sido decepcionante. No he sentido nada. Estoy en contra de ello, pero no puedo ser la "rara" o la "estrecha" del grupo. Todo el mundo lo hace...»

Una de las consecuencias más directas y significativas de la liberalización sexual es la **iniciación** cada vez más **temprana** en el

**Nacemos dos veces:
la primera,
para la existencia;
la segunda,
para la vida.
En un caso, como
seres humanos,
y en el otro,
como hombres
o como mujeres.**

JEAN JACQUES ROUSSEAU
Filósofo suizo
1712-1778

**Hay que saber
dominar la lengua,
el sexo y el corazón.**

ANACARSIS
Filósofo escita
siglo VI a.C.

«Ha sido decepcionante». Aunque entre sus amigas y compañeras, la adolescente en muchos casos mostrará una aparente satisfacción por haber perdido su virginidad, en su soledad es probable que le asalten sentimientos de angustia y amargura a causa de ello.

acto sexual, especialmente entre las muchachas. En los años sesenta los jóvenes solteros de 19 años que habían consumado el acto sexual eran el 28% de las muchachas y el 65% de los varones. En un informe de la última década del siglo se habla del 80% de las jóvenes y del 85% de los varones de esa edad.

¿Por qué se está adelantando la iniciación sexual?

Está claro que la atmósfera de erotismo generalizado y casi constante –a través de la música y las letras de las canciones, los bailes, las modas juveniles– invita continuamente al sexo que va más allá de los besos y las caricias. Por otra parte, la **presión grupal** es muy fuerte. Hay muchos clanes en los que uno no es del todo aceptado mientras no tenga la experiencia de un coito completo. El cuadro de la página 154 muestra una serie de factores asociados a los adolescentes que realizan el acto sexual precozmente y a los que lo posponen, y en el apartado ***"La relación sexual"*** (pág. 153) veremos de qué modo entienden y les afectan a los jóvenes las relaciones sexuales íntimas.

Realmente importante

La sexualidad es un aspecto destacado en la adolescencia, ya que a lo largo de ella se experimenta un notable aumento en el **deseo sexual**. Ello responde no solamente a razones de tipo biológico, sino también a causas de naturaleza psicológica y social (ver esquema, pág. 148).

En efecto, los adolescentes están experimentando ***notables*** **cambios fisiológicos** que los preparan para una sexualidad más plena. Ahora bien, su inclinación a la actividad sexual, también se debe a una **curiosidad** natural, a un deseo vehemente de buscar **afecto y aceptación,** a la vez de parecerles a ellos una ***demostración*** de la **madurez** que creen haber alcanzado de cara al grupo e incluso de cara a sí mismos.

Aparte de estos factores, nos encontramos en un **contexto social** general que incluye, entre otros elementos, las tradiciones culturales, la moda, la influencia de los medios de difusión (literatura, cine, radio, televisión, publicidad), la familia y la religión. Todos estos elementos pueden **favorecer o**

Como todas las potencialidades humanas, la sexualidad hay que controlarla y dirigirla, si queremos que resulte realmente placentera y positiva, de acuerdo con el estilo de vida que aquí propugnamos. Para conseguirlo, es necesario no dejarse manipular por determinadas influencias externas que intentan impregnarlo todo de un erotismo exacerbado.

reprimir en mayor o menor medida el impulso sexual de la juventud.

Durante las últimas décadas ha habido una serie de transformaciones que han dado lugar a ***importantes* cambios** en los conceptos predominantes en cuanto a la sexualidad. Estos cambios resultan obvios en el caso del adolescente, cuyo aprendizaje de los conceptos sexológicos es marcadamente diferente del que tuvieron sus padres y abuelos.

Los **medios de comunicación** se han ido abriendo muy rápidamente a la hora de abordar todo lo referido a la sexualidad y el erotismo, de modo que un ***gran volumen*** de **información** –que pocas veces tiene en cuenta la calidad y la autenticidad de sus contenidos– se halla ahora disponible con toda facilidad para niños y jóvenes. Literatura, prensa, radio y televisión, así como las nuevas "autopistas" de la información, y sobre todo la publicidad, utilizan continuamente el **sexo** como **reclamo** para atraer y mantener la atención del consumidor.

De que no se hablara prácticamente nunca en público de la sexualidad, hemos pasado hoy a un **bombardeo** erótico ***constante e indiscriminado,*** que llega a confundir o incluso aturdir, en especial a los más jóvenes que todavía no tienen un criterio suficientemente maduro y bien cimentado. En efecto, los guionistas cinematográficos y los creativos publicitarios presentan numerosas situaciones en las que abierta, o encubiertamente, se exalta la infidelidad en la pareja o la promiscuidad en las relaciones

¿Por qué es tan intensa la sexualidad en la adolescencia?

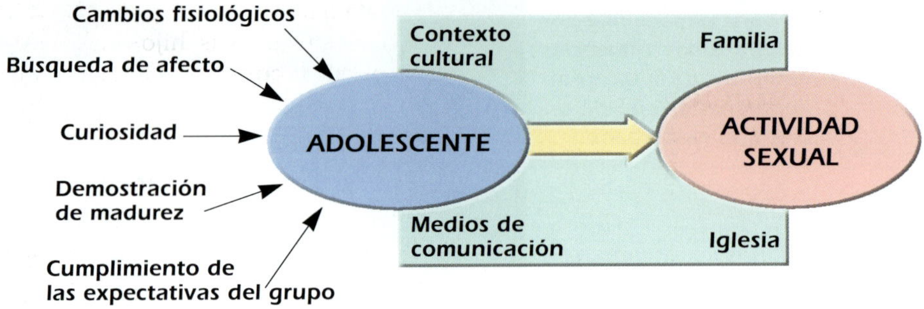

Una serie de factores (parte izquierda del cuadro) **empujan al adolescente a la satisfacción de su deseo sexual, ofreciéndole aliciente y excitación. Otros** (zona verde del cuadro) **no actúan en un sentido tan concreto y directo, sino que lo hacen como freno en ocasiones (familia, iglesia) y como estímulo en otras (medios de comunicación, contexto sociocultural). El efecto conjunto de estos elementos motiva que la influencia de la sexualidad para el adolescente y el joven resulte muy intensa y, de algún modo, conflictiva.**

sexuales. Otras veces, se difunden mensajes portadores de conceptos alejados de la realidad, como una exagerada potencia sexual en las personas o un enfoque demasiado erotizado de la vida cotidiana.

Todo ello ha hecho que se **devalúe,** o incluso se **banalice,** una faceta realmente delicada de la existencia humana: la sexualidad. Mucho de lo que tenía de tabú del sexo se ha desvanecido; así que ya no resulta un asunto vergonzoso y vergonzante, o cuando menos del que hay que hablar con prudencia y mesura. En la actualidad se ha convertido en el tema estrella de multitud de situaciones y ámbitos.

Por todo ello, ahora más que nunca, se impone una **orientación sexual** que ayude al adolescente a comprender profundamente la sexualidad y conectarla con su propio sistema de valores para decidir de antemano su alcance, en vez de dejarse llevar por el simple instinto. Dicho de otro modo, el sexo ***exige* responsabilidad**.

Ahora bien, si muchos adultos parecen incapaces de utilizar de forma razonada y razonable su propia sexualidad, hemos de concluir que el adolescente, que cuenta con más limitaciones, es de todo punto lógico que necesite **orientación y ayuda** para hacer frente a la sexualidad.

Evidentemente esa orientación, y con más razón la ayuda, por lo general no puede venir de la radio o la televisión, ni de la literatura popular o de la cinematografía. Esto se debe a que los medios de comunicación se preocupan más bien en satisfacer los deseos y apetencias de los consumidores, más que en educar sus gustos e inclinaciones en un **estilo de vida** saludable y positivo, tanto desde el punto de vista físico, mental, y social, como desde el espiritual.

Orientación para no perder el rumbo

Es evidente que hay ***bastante*** **desorientación** en cuanto a la educación sexual de los adolescentes. Muchas de las pautas de antaño han quedado anticuadas y, por su parte, las posturas actuales no parecen proporcionar resultados positivos ni al individuo ni a la sociedad.

Aunque no pretendemos en estas breves líneas abordar todos los aspectos de la cuestión, sí quisiéramos, al menos, exponer algunas pautas básicas que a nuestro juicio puede ayudar tanto a los adolescentes, como a sus padres y maestros, a encauzar la energía sexual en un **nuevo estilo de vida** sincero, transparente y placentero.

Desde la niñez

Estamos convencidos de que la **escuela** y la **iglesia** tienen un papel fundamental que desempeñar en la educación general de los hijos, y también en la orientación en cuanto a la sexualidad; pero no pueden, ni deben, suplantar a la **familia.**

Los padres no debieran esperar a que el adolescente les consulte acerca de la sexualidad; y menos si de niño no se le había dado pie a que preguntara sobre tan importante y delicada cuestión.

La **educación sexual** tiene que iniciarse desde la más tierna infancia. En el hogar hay que comentar la sexualidad de forma **natural,** después de oír un noticiario, al juzgar las actitudes de un personaje real o ficticio (televisión, literatura), o en cualquier ocasión que venga a cuento. ***Lo peor*** que se puede hacer es **desviar** la conversación de forma más o menos explícita, en el momento en que alguien aborde delante de los niños alguna cuestión de índole sexual.

Para que esto se dé con naturalidad y normalidad, insistimos en lo importante que resulta que desde bien pronto los padres establezcan con sus hijos una relación de **amistad y confianza** mutuas.

Para los niños que se crían en el campo, la fecundación, el embarazo y el parto, son hechos cotidianos y carentes de misterio, pues forman parte de su experiencia cotidiana, ya que los animales domésticos realizan estos actos con absoluta normalidad y a la vista de todo el mundo. Las familias que no tienen la suerte de convivir directamente con la **naturaleza,** deberían proporcionar a sus hijos **libros** que informen con sencillez y con rigor los procesos de reproducción de la vida. La lectura conjunta de estos libros ofrecen una oportunidad magnífica para la conversación sobre el tema.

Es siempre bueno conectar la sexualidad con la naturaleza. De esta forma los niños comprenderán que la sexualidad es algo tan **normal y *necesario*** como respirar o comer, y no les resultará difícil asumir adecuadamente su propia sexualidad.

Cuando un niño que ha sido educado sexualmente con la máxima naturalidad llega a la pubertad y a la adolescencia, aunque tendrá que pasar por la misma conmoción inicial, y los mismos problemas subsiguientes que todos los demás muchachos y muchachas, no andará desorientado, sino que tendrá ideas claras y bien fundamentadas; y sobre todo habrá adquirido un concepto de la vida sexual hermoso, sano y limpio.

Un buen libro, ¡qué buen amigo!

Nadie puede hablar de aquello que desconoce, y cuanto mejor lo conozca con más seguridad y confianza podrá hacer afirmaciones sobre ello, y asumir las actitudes más oportunas en cada caso. Los **pa-**

Siempre se ha dicho que "un buen libro es el mejor amigo"; lo cual, por cierto, supone que un mal libro puede ser asimismo un amigo poco recomendable. Para adquirir conocimientos sexológicos, un libro –'bueno', por supuesto– tiene incluso ventajas sobre la orientación oral o audiovisual, como se indica en el texto de esta misma página.

dres, pues, deben comenzar por informarse y formarse ellos mismos.*

Un buen libro siempre es nuestro mejor amigo. Por ejemplo, existen diversas obras donde aparece esquemáticamente el aparato reproductor humano, tanto masculino como femenino; con lo cual resulta más fácil ir informando al niño de las funciones que tiene de transmitir la vida, que al fin y al cabo es lo más sublime que se puede llevar a cabo en este mundo.

Dice ***Robert Street*** en la introducción de su ya clásico *Técnicas sexuales modernas:*

«Aun suponiendo que ambos padres estén suficientemente informados, por lo común el problema de la educación [sexual] del niño sigue siendo insoluble: ofrecer un completo conocimiento del tema es una tarea que irrita la delicada sensibilidad de la madre y el padre medios.»

A pesar del ambiente de libertad sexual imperante hoy, realmente pocos son los padres que se atreven a hablar con suficiente detalle de las intimidades sexuales con sus hijos.

No siempre resulta fácil para un niño o adolescente comprender que sus propios padres participan del juego erótico, y que él mismo es fruto de la culminación de dicho juego. De ahí que Street siga diciendo:

«En realidad, es mucho mejor para un hijo adquirir la información íntima de este carácter de un texto, [es decir,] de algo con lo que tiene una relación impersonal.» Así, argumenta este sexólogo, los hijos percibirán que las relaciones sexuales dentro del matrimonio son algo perfectamente saludable y positivo. Por supuesto que aquí nos estamos refiriendo a los aspectos más íntimos del juego erótico. Se supone que unos **padres actuales,** que de veras se han preocupado de la educación integral de sus hijos, ya les habrán enseñado las **generalidades** sobre la sexualidad, y que los **principios morales** que deben regirla, se los habrán ido transmitiendo al muchacho o la muchacha ***paulatina y completamente.*** Así,

* En otros lugares ya hemos recomendado la obra de nuestro fondo editorial, *Enciclopedia salud y educación para la familia,* como una obra completa, clara y equilibrada, para informarse en cuanto a la sexualidad humana en todas las etapas de la vida, tanto desde el punto de vista fisiológico y psicológico como desde el moral y ético. Para las primeras fases de la educación sexual resulta ideal la obra destinada al público infantil, *Así comienza la vida,* que próximamente va a publicar Editorial Safeliz.

cuando llega la pubertad, todo adolescente podrá **comprender y asimilar** la información sexológica que reciba, y será capaz de ***evaluarla.***

Lo que buscan y necesitan los jóvenes

Un jovencito, o una jovencita, en realidad no busca tanto exactitud en la información como el **saber valorar** por sí mismo, ética y socialmente, unos comportamientos. Y eso depende tanto de los conocimientos que padres y educadores le hayan transmitido, como de los comentarios accidentales e incidentales que hagan habitualmente acerca de las cuestiones sexuales propias o ajenas.

Ningún jovencito, o muchacha, en condiciones normales es capaz de aprender por sí solo a valorar equilibradamente la sexualidad propia o ajena, y tampoco le puede resultar suficiente con la información literaria o escolar. El padre y la madre, cada uno en su papel, son quienes, mejor que nadie, pueden hacer comprender a su hijo, o a su hija respectivamente, la trascendencia de todas las actitudes y conductas relacionadas con el sexo.

La masturbación

Tal vez el encuentro más precoz con la sexualidad es la exploración y manipulación de los órganos sexuales propios. Desde los primeros años, los niños tienen la tendencia a tocarse los genitales; en parte por explorar su propio cuerpo, y en parte porque conlleva una sensación agradable. Este fenómeno se observa ya en los bebés. Al comenzar el periodo de latencia (a partir de los 6 años) esta conducta suele desaparecer para retornar en la adolescencia. Y es aquí precisamente cuando la automanipulación genital puede adquirir una naturaleza más semejante al mecanismo fisiológico del acto sexual.

Diversos estudios coinciden en afirmar que una buena parte de los adolescentes se masturban. Sin embargo, no podemos concluir que cualquier actividad humana es admisible o recomendable porque se halle muy extendida.

En el pasado, los moralistas fueron muy duros con los jóvenes que practicaban la masturbación. A pesar de todo, con las amenazas y los presuntos peligros, no consiguieron que la práctica disminuyera. Lo que sí consiguieron fue crear en buen número de adolescentes un remordimiento de efectos nada positivos.

*¿Podemos, sin embargo, decir que **es buena la masturbación**?*

No. La automanipulación de los órganos genitales puede constituir en ocasiones parte de una etapa natural en el descubrimiento personal de la sexualidad. La masturbación, sin embargo, puede llegar a ser un hábito arraigado, que encierra el inconveniente de la **dependencia** psicológica de cualquier hábito que recorte la libertad del individuo.

A veces, la masturbación habitual es un indicio de que el joven tiende a la depresión, o tiene problemas familiares o escolares, por lo que recurre a ella como vía de escape.

Los efectos de la masturbación

El riesgo de la masturbación, como actividad sexual exclusiva, reside en el ***intenso* encapsulamiento narcisista** a que da lugar, lo cual aleja cada vez más, a quien se ha habituado a ella, del establecimiento de contactos heterosexuales normales, de acuerdo con la edad y el estado de cada cual.

Precisamente uno de los componentes básicos y fundamentales de la sexualidad es el afectivo. Si bien por medio de la masturbación se obtiene una descarga pulsional, con la consiguiente obtención de un cierto placer, este solo podrá completarse con una relación de pareja, dentro de la estabilidad conyugal, cuando llegue su momento. Y la actividad masturbatoria, evidentemente, no es el camino de preparación para

La precocidad en las relaciones sexuales: Hoy día, multitud de muchachos y muchachas "corren demasiado". La presión social, saturada de mensajes incitantes, y la falta de claridad en las ideas educativas de muchos padres, son elementos que no favorecen la reflexión del adolescente en un terreno tan delicado como este.

una entrega libre, limpia y generosa al futuro cónyuge.

Aunque cada vez hay menos gente que considera inmoral o seriamente perjudicial la masturbación, todavía muchos de sus practicantes padecen complejos de **culpabilidad;** y ello no siempre y no solo es debido a unos padres o educadores represivos. La persistencia de esta culpabilidad apunta a la naturaleza deficiente de esta práctica.

Para quienes estamos convencidos de que el **egoísmo** es la raíz de todos los males de la humanidad, existe una razón importante para considerar perjudicial la masturbación, sobre todo cuando se convierte en una actividad continuada y habitual.

Nacemos con tendencias egoístas, y poco a poco tenemos que ir venciendo esa innata inclinación. Es lo que los psicólogos llaman el 'proceso de **socialización**', es decir, de adaptación a la sociedad. Quien no consigue esa socialización se convierte en un inadaptado.

El joven que se masturba está fomentando su egoísmo y su ensimismamiento, cuando lo que debiera buscar es la apertura hacia el otro.

La actitud de los **padres** no debiera ser la de infundir un sentimiento de culpa por este acto. Más bien, se trata de hablar de la masturbación como una **manifestación incompleta** de la sexualidad, ya que la sexualidad ideal es la de pareja, que llegará a su completa realización a su debido tiempo en el matrimonio, establecidas entonces las circunstancias convenientes y necesarias.

El **diálogo *abierto*** entre joven y adulto sobre el tema puede resultar altamente positivo y, en buen número de casos, reducir la frecuencia de la actividad masturbatoria, o incluso eliminarla. Entre tanto, los padres pueden crear las condiciones favorables para que sus hijos encaucen sus energías ha-

«Yo practico un estilo de vida sano y limpio... porque tengo criterio propio.» Si en otro tiempo la virginidad se conservaba a veces por la presión social y el temor a las represalias, hoy una joven se ve sometida a una presión de signo contrario. Pero cuando se tiene criterio y personalidad, las cosas se deben hacer, o dejar de hacer, de acuerdo con la valoración moral y ética que cada persona haya hecho libremente, y no por presiones del grupo, sean del signo que fueren.

cia el estudio o hacia actividades recreativas, humanitarias o familiares, evitando con ello los estímulos eróticos inoportunos que despiertan el deseo sexual. Para muchos la práctica deportiva sistemática contribuye a la superación y desaparición de sus inclinaciones autoeróticas.

A pesar de todo, es posible que el adolescente se masturbe de vez en cuando, en cuyo caso no conviene dramatizar, pero sí informar acerca de la verdadera función de la sexualidad. El **sexo** no debe ser visto como un alivio para las necesidades puramente fisiológicas, sino como una **relación,** donde la **afectividad** tiene un papel decisivo. Cuando el placer individualista prima, se puede producir una desviación de la correcta sexualidad.

En cualquier caso, las convicciones morales y espirituales, cuando son razonables y equilibradas, pueden ser un eficaz apoyo frente a la pérdida de control en este asunto.

La relación sexual

La experiencia de la primera relación de Rosana (ver el inicio de este capítulo, pág. 145), a pesar de una cierta mitología sexual juvenil hoy en boga –tan poco realista como todas las mitologías–, es bastante representativa de lo que suele ocurrir en algunos grupos juveniles... tanto de muchachas como de muchachos, e incluso mixtos.

Aun cuando resulta difícil recopilar datos fiables sobre un tema tan delicado,tenemos buen número de evidencias que nos hacen pensar que la experiencia del acto sexual para el adolescente no resulta muy positiva en sí misma. Veamos algunos testimonios reales, y que nos parecen representativos:

«Demasiado corto.»

«No era para tanto.»

«Me sentí vacía.»

«Me sentí culpable.»

«Al terminar sentía asco de ella.»

Por lo general, las muchachas tienden a percibir el acto sexual como algo con un valor muy relativo por sí mismo para ellas, pues sus impulsos son mucho más afectivos y sentimentales que físicos. Lo hacen por conformarse al grupo o por satisfacer las demandas del muchacho. También ellos manifiestan decepción, aunque tienden a mostrar la satisfacción de "haberlo hecho ya".

EL ACTO SEXUAL EN LA ADOLESCENCIA

Estos perfiles se basan en el examen de más de 150 estudios sobre adolescentes llevado a cabo por Miller y Moore

Perfil del adolescente que realiza el acto sexual PRECOZMENTE

- Suele ser hijo o hija de madre soltera, padres divorciados o procedente de una familia desestructurada
- Bajo rendimiento académico
- Nivel socioeconómico bajo
- Tiene hermanos/as y amigos/as sexualmente activos
- Sus padres tienen un nivel cultural bajo
- Rechaza la religión
- Con tendencia al consumo de tabaco, alcohol y otras drogas
- Con escasos recursos comunicativos

Perfil del adolescente que POSPONE el acto sexual

- Procede de una familia estable
- Saca buena puntuación en pruebas de inteligencia y sus estudios van bien
- El nivel socioeconómico de su familia es desahogado
- Tiene hermanos/as y amigos/as que no practican el acto sexual
- Sus padres tienen un buen nivel cultural
- Es creyente y con principios morales claros
- Hace un uso nulo o escaso de sustancias psicoactivas
- Su fluidez y expresión verbal es buena

En relación con el comienzo de la experiencia sexual, es necesario dejar claras las **diferencias** –por cierto, ***muy significativas***– entre la sexualidad masculina y la femenina. El varón es más apasionado y mucho más rápido en los avances sexuales que la mujer. Por su parte, la mujer es más lenta y su apasionamiento no está siempre centrado en los órganos genitales.

Las implicaciones de estas diferencias son muy relevantes. Por ello, si los muchachos son conscientes de esas diferencias entenderán por qué ella no quiere "seguir más allá". Esta, además, es una buena razón para que la muchacha no se sienta culpable al decir "no" a la oferta sexual de su amigo. De hecho, las muchachas deben entender que tienen ***pleno derecho*** **a decir "no".**

¿Cómo se explican las numerosas experiencias decepcionantes?

Las **relaciones sexuales** en la adolescencia, suelen producirse en circunstancias desfavorables: muy rápido, en lugares oscuros y extraños, con temor a ser sorprendidos, sin haber hablado mutuamente del asunto, con miedo a un posible embarazo, experimentando ellas dolor vaginal y los muchachos eyaculación precoz. Y ***lo peor*** de todo: la experiencia no suele estar motivada por el amor genuino.

Si comparamos estas circunstancias con la **dinámica *óptima*** del acto sexual que se da en la estable privacidad de la relación conyugal, comprenderemos que resulta prácticamente imposible obtener satisfacción de los contactos sexuales de este tipo.

Las experiencias sexuales iniciales tienen suma importancia al ser las que forman el concepto de la sexualidad. Algunos autores hablan de una **"fijación"** sobre el primer o primeros actos sexuales. Esto significa que esas primeras experiencias quedan fuertemente grabadas en la mente de los jóvenes, de modo que las posteriores tienden a ser de calidad similar, costando mucho esfuerzo alcanzar un **nivel de satisfacción** sexual aceptable.

Lo recomendable pues, para todo muchacho y muchacha, es que una experiencia tan importante y de tanta trascendencia la lleven a cabo con todas las garantías que ofrece el contexto conyugal, haciendo de este acto algo tan gratificante y gozoso, que deje en ellos una huella perdurable.

Otro problema asociado al coito en la adolescencia es el **deterioro** de la **amistad** existente. En muchos casos, el **respeto mutuo** que había antes de la copulación parece perderse por causa de ella. Es frecuente, sobre todo en los muchachos, la actitud de rechazo una vez logrado el coito y la consiguiente ruptura para buscar una nueva compañera. En otros casos, la sexualidad adquiere una posición preeminente que no deja espacio para profundizar en los demás ámbitos de la relación.

El acto sexual puede llegar a ser especialmente negativo para las muchachas. Los sentimientos de **culpa** y de **inferioridad**, que son muy comunes a esta edad, se ven acrecentados por haber perdido "algo". Esta pérdida puede referirse literalmente a la virginidad, o bien al respeto por sí misma.

De esta manera, aun hoy, en medio de una atmósfera de liberación sexual, muchas jóvenes sufren por este hecho. Desearían intensamente que el muchacho con quien han realizado el acto sexual, las amara y se casara con ellas. Pero esto resulta bastante improbable, pues muchos varones prefieren casarse con una muchacha que se respete a sí misma, es decir, virgen, cayendo con ello en una tremenda contradicción.

El **daño potencial** que puede sobrevenir a las jovencitas, bien puede ser un factor digno de consideración por parte de ellos cuando presionan para realizar el acto sexual.

El embarazo en la adolescencia

Es curioso constatar que, a pesar de todas las campañas sociales para promover el uso de anticonceptivos, tan solo una minoría de adolescentes sexualmente activos los utilizan.

Los adolescentes por lo general no planifican su vida sexual. Llegan a un punto límite en que no pueden controlar sus impulsos y acaban haciendo el amor con la falsa esperanza de que a ellos no les va a pasar nada. Sin embargo, tienen una probabilidad de embarazo más alta de lo que ellos piensan.

Las estadísticas ponen de manifiesto un aumento de nacimientos en mujeres solteras en prácticamente todos los países. La frecuencia creciente de embarazos en las adolescentes se encuentra entre las causas de esa evolución. El cuadro de la página siguiente ofrece una serie de factores asociados al embarazo de las muchachas en edad adolescente.

En los países más desarrollados resulta paradójico que, mientras la tasa global de natalidad ha descendido de forma drástica, el número de partos en madres entre los 14 y los 18 años esté creciendo.

Los **problemas** de este tipo de embarazo son realmente serios. La **embarazada** comienza percibiendo su condición como una desgracia. Acude al muchacho, frecuentemente joven e inexperto, el cual, salvo en casos excepcionales, no quiere aceptar la responsabilidad.

PERFIL DE UNA MADRE ADOLESCENTE TIPO

- Hija de padres que la tuvieron en la edad adolescente
- Comenzó a practicar el acto sexual a una edad temprana
- La relación con sus padres es distante
- Sus recursos comunicativos con su pareja son casi nulos o muy limitados
- Personalidad inclinada al riesgo
- Su autoestima es más bien escasa o muy pobre
- Suele atribuir sus logros a la suerte o a la casualidad
- Y en cambio, por lo general atribuye sus fracasos a sus propias limitaciones
- Tiene ideas muy incompletas sobre la sexualidad y la fertilidad humanas

Basado en datos de Gilchrist y Schinke

Si la jovencita embarazada no cuenta con el suficiente apoyo familiar, les planteará el problema a sus amigas, que lógicamente tampoco gozan de madurez y experiencia suficientes.

Finalmente acudirá a la familia, que recibirá la noticia más o menos trágicamente, a veces culpándola por todo.

Después suele presentarse el **dilema** de si la muchacha debe seguir adelante con el embarazo o abortar.

Todas estas secuelas del embarazo de la adolescente, acrecientan el **conflicto** entre padres e hija. Y así se continúa una larga etapa de acontecimientos que se viven con inseguridad y ansiedad por el futuro.

Si la joven decide tener el hijo, las dificultades no serán pocas. No podrá seguir sus estudios y en la mayoría de los casos se verá seriamente limitada por unos ingresos muy escasos.

Afortunadamente, el estigma social hacia la **madre soltera** ha decrecido notablemente. En la actualidad, la mayoría de las personas se muestran respetuosas hacia una joven en esa situación. Sin embargo, existen muchas reminiscencias de actitud reprobatoria que la joven encontrará tarde o temprano.

Incluso en el caso en que el muchacho decida **regularizar la situación** a través del **matrimonio,** puede ver truncados sus estudios al tener que buscar un trabajo con el que cumplir con las nuevas necesidades económicas. Además, los jovencitos recién casados tienen que adaptarse a marchas forzadas a una nueva situación, la vida conyugal, que unas semanas antes ni sospechaban. Y a todo ello hay que unir la preparación para la llegada del **bebé,** que traerá consigo satisfacciones pero también demandas de magnitud considerable para unos padres excesivamente jóvenes. Esta confluencia de factores adversos quizá explique en buena medida por qué la mitad de los matrimonios que comienzan de esta manera acaban en divorcio.

Por último, el embarazo juvenil es un **problema social**. En efecto, aparte de todos los problemas personales y familiares que crea, este fenómeno supone un elevado costo al contribuyente. Un sector importante de los organismos de prestaciones sociales, aparte de las diversas organizaciones no gubernamentales, utilizan sus recursos económicos y humanos en apoyar y financiar a quienes se ven afectados por este problema. Esto debe seguir haciéndose, pues la juventud merece todo nuestro apoyo y aceptación, pero no deja de producir reticencias en ciertos sectores de la población.*

Desde el punto de vista de los jóvenes

No quisiéramos seguir adelante sin ponernos en el lugar del muchacho y la muchacha que tiene que tomar sus propias determinaciones en este asunto vital, y bastante controvertido, de la sexualidad.

Como joven que quiere tener **personalidad,** en eso lo importante, desde luego, es tener criterio propio y no dejarse arrastrar por el grupo o por los compañeros o amigos.

Si tú, joven lector, quieres ser tú mismo, y no mera copia devaluada de los "ídolos" que la televisión y el cine nos ofrecen, no renuncies jamás a tus principios por un momento de pretendido placer, o por no desentonar del grupo. ***Sé siempre tú mismo... tú misma.*** Eres ***tú*** quien tiene que tomar la decisión con serenidad y lucidez, para que sea la correcta.

No olvides que a menudo el alcohol, u otras drogas, se te ofrecen, no para que te desinhibas o estés más alegre, sino simplemente para debilitar tu **voluntad.** No permitas jamás que una sustancia intoxicante anule tu personalidad o difumine los principios éticos y morales que has ido adquiriendo a través de toda la vida.

Tú sabes que no es más fuerte ni valiente quien se deja dominar por sus pasiones, sino que la **personalidad** y el **valor** se demuestran precisamente ***controlando*** nuestros propios instintos.

Antes de tomar una decisión, recuerda lo que te han enseñado tus padres y maestros: Si piensas solo en el presente, quizá tengas que sufrir en el **futuro;** pero si procuras medir en todo momento y circunstancia las consecuencias futuras de tus decisiones de ahora, conseguirás labrarte un **nuevo estilo de vida** que te hará más feliz y más útil a tu familia actual, a la que un día constituyas, y a la sociedad en general.

Espermatozoides aproximándose para fecundar un óvulo. Un mínimo conocimiento de la biología y fisiología de la reproducción humana permite al adolescente familiarizarse con el misterio de la vida y ponderar los riesgos implicados en el acto sexual.

Las ETS (enfermedades de transmisión sexual)

Las ETS, que antes solían llamarse **enfermedades venéreas,** constituyen un importante problema de salud pública.

Algunas –como la clamidiasis– son aparentemente tan leves que no se les concede importancia y siguen trasmitiéndose a un ritmo acelerado. Otras –como el sida y el herpes genital– no tienen cura definiti-

continúa en la página 159

* En algunos países se apoya con subvenciones y facilidades para obtener vivienda a las madres solteras. Eso ha propiciado que muchas jovencitas se quedaran embarazadas con el único propósito de emanciparse del hogar paterno. De ahí que en algunos parlamentos se esté cuestionando la forma en que se otorgan esas ayudas, e incluso su propia existencia.

EL CONSEJO DEL PSICÓLOGO

"No sabemos cómo decírselo"

Mi esposo y yo somos conscientes de la necesidad de que nuestros hijos (dos de ellos a punto de alcanzar la pubertad) reciban de nosotros las debidas explicaciones sobre el sexo y la reproducción. Después de todo es mucho mejor que lo aprendan en casa y no en la calle. Pero nos cuesta muchísimo. ¿Qué podemos hacer para romper el hielo?

Si les sirve de consuelo, la preocupación de ustedes no es aislada, sino que la comparte un sector importante de la población. La sexualidad no ha sido objeto de estudio y diálogo hasta hace tan solo unas décadas. No podemos, pues, librarnos súbitamente de una larga historia de tapujos y tabúes.

Quisiéramos ofrecerles algunas sugerencias que han resultado útiles a otros padres en situación parecida a la suya:

- **Infórmense.** Hay publicaciones excelentes, tanto para padres como para hijos; estas últimas pueden leerse en conjunto. Con un libro en las manos, donde se presentan explicaciones gráficas, se desvanece la vergüenza y se promueve el diálogo (ver nota, pág. 150).
- **Aprovechen las oportunidades.** El nacimiento de un bebé en la vecindad o el embarazo de alguna amiga de la familia, las plantas que hay en casa, la reproducción de los animales domésticos, son ejemplos de ocasiones para iniciar una conversación. Por ejemplo, pueden hablarles de cómo sus hijos, ellos mismos, experimentarán cambios fisiológicos y psicológicos muy pronto, y de que esos cambios son para capacitarlos como padres o madres, tal como se expone en el primer capítulo de PARA ADOLESCENTES Y PADRES (ver págs. 13-33).
- **Preparen una buena atmósfera.** Es necesario que el televisor no acapare todo el tiempo libre de la familia. Hay que propiciar los momentos de silencio y las situaciones distendidas que favorecen la comunicación. Algunas veces los hijos no hablarán ni preguntarán; pero, cuando existe auténtica confianza, probablemente serán ellos mismos quienes inicien el diálogo.
- **Hablen con sencillez, claridad y respeto sobre el tema.** Las denominaciones vulgares o soeces provocan risas y desmerecen la sexualidad. Llamen a las cosas por su nombre y observarán que el tratamiento del tema se torna respetuoso y la comunicación más fácil.
- **Manténganse disponibles en todo momento para escuchar y hablar con sus hijos.** La buena comunicación en la familia se logra con la práctica. Por tanto, para este y para otros temas, si existe la costumbre de dialogar de una manera regular, resultará más fácil hablar sobre la sexualidad.

Evidentemente, lo ideal es que, desde pequeños se hable de sexualidad con los hijos cada vez que venga a cuento, y con la máxima normalidad y naturalidad, sin esperar a que ellos nos pregunten. Eso facilitará que no se inhiban ante sus padres, pues tendrán asumido que en su casa se habla de la sexualidad como de algo absolutamente normal... porque lo es.

- **Busquen apoyo externo.** Quizá hablando con otros padres o con el centro escolar al que asisten sus hijos, puedan obtener ideas o solicitar que organicen algún cursillo sobre el tema. Si ustedes son creyentes, las iglesias suelen ofrecer cursillos de este tipo que van más allá de los datos fisiológicos para incluir, además, orientación moral. De lo que se trata es de que nuestros hijos vean que existe un **nuevo estilo de vida:** sano, limpio, grato y feliz, y que la experiencia cotidiana de muchos adultos e innumerables jóvenes avala sus buenos y perdurables resultados.

viene de la página 157

va en la actualidad; aunque en el caso del sida, con los tratamientos más avanzados, sobre los que se sigue investigando, caben esperanzas.

Las ETS de periodo de latencia largo (tardías en manifestarse) –como el sida– y aquellas cuyos síntomas desaparecen temporalmente –como la sífilis– son especialmente propensas al contagio, ya que el propio afectado no se da cuenta del alcance de la infección.

Por otra parte, muchos de los **síntomas** que manifiesta la mujer son **internos** y ni ella misma los percibe. Y si a esto añadimos que la probabilidad de transmisión es alta, incluso por medio de un solo contacto sexual, nos encontramos ante lo que puede resultar una tremenda epidemia entre la población sexualmente promiscua.

Los **adolescentes** que realizan el acto sexual constituyen **el grupo más vulnerable** por tres razones:

1. Su **información incompleta** no les permite conocer la realidad en cuanto a la naturaleza y el alcance de las ETS.
2. Su **inmadurez física** los somete a ciertos riesgos como resultado de llevar una vida promiscua desde temprana edad. Por ejemplo, el cáncer de cuello uterino que suele aparecer entre los 40 y 50 años, es más frecuente en mujeres que tuvieron relaciones sexuales con varios compañeros en su adolescencia o juventud, cuando todavía sus órganos sexuales no estaban del todo desarrollados.

   Y es que, cuando los órganos genitales no están todavía completamente desarrollados, no se hallan plenamente preparados para poder emplearlos para el fin que fueron creados.
3. Su inseguridad y el temor a la represalia hacen que **no acudan al médico** ante la sospecha de padecer una ETS, con la falsa esperanza de que "no será nada de importancia". De esta manera, pierden la oportunidad de un tratamiento a tiempo.

La mejor manera de proceder en relación con las ETS es la **prevención**. Los jóvenes y adolescentes de ambos sexos deben ***conocer*** los **peligros** de las ETS y ser apercibidos del alto **riesgo** de infección a través de la actividad sexual fuera de los cauces del vínculo conyugal.

Es necesario recalcar que los preservativos, si bien disminuyen el riesgo de contraer estas enfermedades, conllevan cierto **margen de error.** Por ello, se debe propiciar la relación heterosexual estable –que difícilmente se puede dar a una edad temprana y fuera del matrimonio–, evitando la promiscuidad sexual, como vías de auténtica **prevención *fiable*** de las **ETS,** sida incluido. Tales vías aportan no solo indudables ventajas profilácticas, sino también emocionales. Y esto, por nuestros estudios y la propia experiencia personal, estamos persuadidos de que únicamente se puede conseguir plenamente cuando el joven ejerce dominio propio, y espera a llegar al matrimonio para realizar la plenitud de su sexualidad, lo cual incluye el componente físico tanto como el sentimental y afectivo.

¿Y qué hacer cuando un adolescente sufre una ETS?

En primer lugar, hemos de decir que son ***muchos*** los **padres** que ***nunca*** se llegan **a enterar** de estos problemas, ya que solo uno de cada tres adolescentes acude a sus progenitores en estas circunstancias. Y entre los que confían este problema a sus padres, solo unos pocos obtienen auténtico apoyo. En efecto, muchos padres reaccionan culpando al hijo de todo, castigándolo con mil reprimendas y rechazándolo en mayor o menor medida. Esta actitud suele ir acompañada de un sentimiento secreto de fracaso paterno, que conlleva culpa e insatisfacción.

Sin embargo, los padres, aparte de dejar bien claro que no aprueban lo sucedido, deben esforzarse por entender que su hijo o hija ya ha recibido **castigo *suficiente*** por su error a través de la **enfermedad *misma*.** Ahora es el momento de

continúa en la página 162

ETS (Enfermedades de Transmisión Sexual)					
	Origen	**Síntomas**	**Riesgos cuando no se trata**	**Tratamiento**	**Observaciones**
Clamidiasis	**Bacteriano:** 'Chlamydia trachomatis'. Probabilidad de contagio tras contacto sexual con persona infectada: 25%-50% varones, 70% mujeres.	**Varón:** Infección genital generalizada. Supuración uretral. Dolor al orinar. **Mujer:** Sin síntomas aparentes. Inflamación vaginal en algunos casos.	Infertilidad. Inflamación pelviana.	Antibióticos.	Está creciendo entre los jóvenes. Estudios recientes confirman que, por ejemplo, en los Estados Unidos el 10% de los estudiantes universitarios padecen clamidiasis.
Gonorrea	**Bacteriano:** 'Neisseria gonorrheae'. Se mantiene y reproduce en las mucosas (boca, vagina, uretra, ano). Probabilidad de contagio tras contacto sexual con persona infectada: 10% varones, 40% mujeres.	Aparecen de 3 a 30 días tras el contacto. **Varón:** Supuración uretral, dolor al orinar, sangre en la orina. Dolor e inflamación de los genitales y las ingles. **Mujer:** El 80% sin síntomas iniciales. Después, flujo vaginal, molestias al orinar y menstruación anormal.	Infección generalizada de los genitales. Daños permanentes en las trompas de Falopio. Infertilidad.	Penicilina y otros antibióticos.	A pesar de poder tratarse eficazmente en las fases iniciales, muchos casos no se tratan y muchos otros nunca se registran.
Herpes genital	**Vírico** de diversas familias. Probabilidad de contagio tras contacto sexual con persona infectada: 75%.	Aparecen 3-5 días después del contacto sexual. Ulceración en la boca y labios (tipo I). Ulceración en los genitales, muslos y nalgas (tipo II).	Recurrencia de síntomas meses o incluso años después. Encefalitis y ceguera. Las embarazadas pueden infectar al bebé durante el nacimiento.	El aciclovir y otros fármacos proporcionan alivio. Sin embargo, no se conoce cura definitiva.	Está asociado al cáncer de útero.

	Origen	Síntomas	Riesgos cuando no se trata	Tratamiento	Observaciones
Sífilis	**Bacteriano:** 'Treponema pallidum'. Se mantiene y reproduce en las mucosas (boca, vagina, uretra, ano).	Chancros y úlceras en la boca o en la zona genital. Desaparecen a las 4-5 semanas, pero eso no indica curación. Síntomas posteriores: fiebre, dolor de cabeza, dolor muscular, pérdida del apetito, pérdida del cabello.	Transmisión de embarazada al feto. En la fase avanzada: parálisis, convulsiones, trastornos mentales y muerte.	Penicilina y otros antibióticos.	El tratamiento ha de ser precoz o las consecuencias pueden ser fatales.
Sida	**Vírico:** VIH (virus de la inmuno-deficiencia humana).	Periodo de latencia: 5-7 años. Inflamación de las glándulas linfáticas, fatiga, pérdida de peso, diarrea, fiebre.	Contagio a otros durante los años de latencia. Propensión a contraer enfermedades como la neumonía o el cáncer. Muerte a consecuencia de esas enfermedades.	En vías de investigación. Inhibidores de la proteasa que prolongan la vida.	En crecimiento continuo por la falta de tratamiento y por su largo periodo de evolución y de posible contagio.

Este cuadro es meramente orientativo, de modo que ante la menor sospecha de padecer una ETS (enfermedad de transmisión sexual) –al igual que con cualquier otro padecimiento– es preciso acudir al médico para que establezca un diagnóstico fiable, y después seguir fielmente sus recomendaciones para cada caso individual.

Por otra parte queremos advertir a nuestros lectores que un tema tan complejo y delicado como el de la sexualidad, no puede ser aclarado en todos sus términos en un breve capítulo como este. Para un conocimiento completo de la sexualidad humana, desde el punto de vista médico, psicológico y ético, recomendamos una vez más la '**Enciclopedia salud y educación para la familia**' en cuatro tomos de gran formato, que también publica Editorial Safeliz (ver nota, pág. 14).

viene de la página 159

acudir al médico con la mayor serenidad posible, y con el deseo de combatir la enfermedad. Esta puede ser una ocasión para **reflexionar** sobre la relación paterno-filial, y convertirse en una oportunidad para establecer vínculos más profundos de relación y **ahondar en la amistad** mientras se mira al futuro con esperanza en la búsqueda común de un **nuevo estilo de vida** más entrañable y más sano.

La educación sexual

A pesar de todo lo que ya hemos dicho en los apartados precedentes de este capítulo, y que yo de algún modo quise asimismo transmitir a mis oyentes en un seminario sobre educación sexual en el que recientemente participé, puede que todavía haya algún padre o madre que se haga las mismas preguntas que me formuló una señora que había asistido a mis ponencias:

«¿Es necesario explicárselo todo a los niños? ¿No es mejor mantener la inocencia de los niños y jóvenes tanto como resulte posible?»

Yo traté de explicar que la 'ignorancia', por usar un vocablo alternativo al de 'inocencia', puede ser muy peligrosa. También hablé de que es ***mejor* formar e informar** a nuestros hijos acerca de algo tan significativo y hermoso como es la sexualidad, que dejarlos sin orientación.

Además insistí en que hoy en día –a diferencia de lo que ocurría hace cincuenta años– esa **"inocencia"** es prácticamente ***imposible.*** Los mensajes sexuales y eróticos, cuando no pornográficos, aparecen por todas partes y es difícil escapar a ellos.

Probablemente no convencí a la mencionada señora, pero me tranquilicé al pensar en cuántos hombres y mujeres recuerdan con insatisfacción la forma en que aprendieron los hechos de la reproducción humana. Y cuánto lamentan no haber tenido padres que les hubiesen hablado **con naturalidad y sin tabúes** de la sexualidad, de sus beneficios y también de sus secuelas indeseables cuando se hace un mal uso de ella.

No nos cabe duda de que el adolescente necesita **orientación y consejo *claros* y *serios*** a este respecto.

Nos queda preguntar:

¿Qué debe enseñarse al adolescente?

¿Quién debe impartir esta formación sexual?

A la primera pregunta hemos de responder diciendo que la adolescencia ha de ser la continuación de una educación sexual iniciada en la misma edad preescolar. Se trata, pues, de edificar sobre conceptos ya aprendidos que conducen a preguntas más avanzadas, que a su vez esperan respuestas claras y satisfactorias.

Si la educación sexual de sus hijos, la inician los padres a partir de los tres años, cuando lleguen a la pubertad y la adolescencia resultará natural que se mantenga una comunicación y un diálogo donde las preguntas y las respuestas que se formulen sean propias de personas que se tienen una mutua confianza fruto del cariño y el compañerismo.

El adolescente necesita unos **conocimientos *suficientes*** de la anatomía y la fisiología del aparato genital masculino y femenino, además de tener ideas claras sobre aspectos que va a experimentar directamente en su propio cuerpo, como los caracteres sexuales (ver el primer capítulo, págs. 13-33), la menstruación, la emisión seminal y la masturbación. No se debe olvidar además que la falta de conocimiento de la sexualidad en el sexo opuesto puede propiciar conductas erróneas de consecuencias indeseables.

Un adolescente debe asimismo comprender la función del acto sexual y saber acerca del proceso de concepción y su control. Y, además, ha de estar familiarizado con el embarazo y el proceso del nacimiento. Por último, necesita ser advertido de las diversas ETS (enfermedades de

La edad adolescente, la del descubrimiento del sexo opuesto, necesita ser encauzada y orientada hacia un nivel de madurez que sea previo a la iniciación sexual, para facilitar a los jóvenes una elección realmente libre y responsable.

transmisión sexual), con sus riesgos e implicaciones.

Aparte de estos temas básicos, es ***fundamental*** que los muchachos y muchachas reciban una educación sexual con una **orientación ética, moral y responsable** hacia el sexo. El adolescente necesita dirección respecto a cómo aplicar los principios de respeto mutuo al uso responsable de la sexualidad.

Es menester que los jóvenes entiendan las **ventajas** y los **inconvenientes** de todas las conductas sexuales.

En cuanto a quién debe impartir los conocimientos sobre sexualidad, hemos de insistir en la conveniencia de una **educación sexual** en el contexto **familiar**.

Los programas de educación sexual que llevan a cabo los **centros escolares** constituyen un paso excelente. Sin embargo, en una relación de confianza y de cariño mutuos, que se ha ido cimentando con el paso de los años, los muchachos tienen una mejor oportunidad de encontrar respuestas a sus preguntas en el hogar.

Por otra parte, los centros escolares, que cuentan con medios materiales y personales con frecuencia superiores a los de las familias, a veces no ofrecen la **perspectiva moral** de la sexualidad, limitándose a enseñar la sexualidad desprovista de cualquier ideología u orientación ética. Esta circunstancia señala la necesidad de reactivar el papel de la familia en la formación sexual de los hijos, dentro del **nuevo estilo de vida** que en PARA ADOLESCENTES Y PADRES propugnamos.

Hay progenitores que encuentran grandes dificultades en desempeñar este papel de educadores sexuales, bien por su falta de formación o por su dificultad personal para hablar sobre este tema. *"El consejo del psicólogo"*, en la pág. 158, ofrece algunas ideas de apoyo a este respecto.

En los años adolescentes, la atracción por el sexo opuesto y la necesidad de contacto físico se acentúan de modo tan señalado, que se hace imprescindible una sólida educación sexual a fin de encauzar las nuevas energías en la dirección correcta y de modo constructivo.

En términos generales, es necesario ofrecer al adolescente la visión de que la sexualidad, lejos de ser algo de naturaleza sucia e inferior o animal, tiene su **origen** en el **Creador** y es algo hermoso y trascendente, que puede ser una **bendición** para la constitución de hogares bien fundamentados y estables donde el milagro de la transmisión de la vida colme los legítimos deseos de gozo que todos los seres humanos tenemos.

Los padres creyentes pueden hacer ver a sus hijos que además de que el origen de la sexualidad es divino, Dios organizó el mundo en **familias,** con el fin de proteger tanto al individuo como a la sociedad, y favorecer su desarrollo armonioso.

La sexualidad no existe solamente para la procreación, sino también para que los esposos puedan expresar de esa forma su amor mutuo y obtener un alto nivel de satisfacción. Ahora bien, para alcanzar ambos objetivos se requiere una **madurez emocional** y una estabilidad en la relación que muy rara vez se dan en el adolescente.

Por todo ello, resulta conveniente insistir en la necesidad e importancia de la **espera** hasta el momento en que existan la madurez suficiente, las circunstancias adecuadas y el **amor *recíproco y sincero.***

Pensándolo bien

LOS JÓVENES

Sinceríndote a solas

Pregunta: ¿Te masturbas...? En caso afirmativo, ¿recurres a ella **a)** por placer, **b)** por calmar la ansiedad, **c)** o por otras razones?
Respuesta:

P: ¿En cuestión de sexo, ¿crees que te controlas y controlas la situación normalmente?
R:

P: ¿Te sientes culpable de algunos casos o cosas?
R:

P: La forma como se enfoca en el cine y la televisión la sexualidad y el erotismo, ¿te parece en general seria y adecuada?
R:

P: ¿Te sientes –sobre todo si eres muchacha– tan libre para decir 'sí' como para decir 'no'?
R:

P: ¿Te planteas el riesgo del embarazo y la responsabilidad que implica?
R:

P: Ya no eres virgen... ¿De veras te sientes satisfecha...? ¿Crees que ha sido lo ideal?
R:

P: Tienes novia... ¿No crees que le demostrarás mayor virilidad si te controlas y la respetas?
R:

P: ¿Eres consciente de la cantidad de intereses y de dinero que mueve la explotación directa e indirecta del sexo?
R:

P: ¿Te has planteado los riesgos de la promiscuidad: ETS, sida, adicción, infidelidades...?
R:

P: ¿Te preocupa el desempleo? ¿Lo tienes en cuenta como una amenaza real?
R:

Reflexión final y conclusiones

LOS PADRES

Reflexionando con calma

Pregunta: Cuando sus hijos les preguntan sobre la reproducción humana o el sexo, ¿les responden veraz y directamente?
Respuesta:

P: ¿Les preocupa que su hija salga con muchachos?
R:

P: ¿Les enorgullece, en cambio, que su hijo tenga muchas amigas?
R:

P: ¿Les parece que alguno de sus hijo últimamente se muestra más reservado?
R:

P: ¿Alguno de sus hijos tiene pósters provocativos en su habitación?
R:

P: ¿Creen que las opiniones de ustedes acerca del sexo son sanas, sinceras y prudentes, y libres de la presión ambiental, o más bien las calificarían de otro modo?
R:

P: ¿Han hablado con sus hijos de los riesgos de una sexualidad incontrolada?
R:

P: ¿Les han enseñado a sus hijos que el amor genuino es condición previa e indispensable para una actividad sexual plena y feliz?
R:

P: ¿Tienen ustedes claro que un **nuevo estilo de vida** sano y libre a menudo no coincide con la forma de vivir de la mayoría?
R:

P: ¿Están dispuestos a contrarrestar en su hogar la presión del ambiente social?
R:

Reflexión final y conclusiones

8

Valores éticos y morales

NORA, una muchacha de 17 años, introvertida, pero llena de inquietudes y con gran perspicacia, después de reflexionar seriamente, anotaba en su diario:

«En el fondo sé que mis padres me quieren, pero, ¿por qué esa obsesión tan suya por intentar que siempre piense y actúe exactamente igual que ellos? El verdadero amor no ata al otro, sino que lo deja en libertad. No les gusta Ricardo porque dicen que no parece formal. ¿Qué saben ellos...? Ni siquiera lo conocen. Solo juzgan por la apariencia. Si se pusiera la ropa que a ellos les gusta y una sonrisa en la boca se enamorarían de él.

»Y luego el asunto de la religión. La verdad es que me tiene ya harta... No me apetece ir a la iglesia, porque no acepto que la gente sea tan poco coherente. Si yendo me voy a volver como muchos de los que van, me niego rotundamente. El cristianismo enseña a amar al prójimo... e incluso al enemigo. Pues si Ricardo es su enemigo, que lo amen. Entonces me convenceré de que su religión es auténtica.»

Sin una moral cívica, la comunidad perece; sin moral personal, su supervivencia carece de valor.

BERTRAND RUSSELL
Filósofo y matemático británico
1872-1970

En conclusión, y después de haberlo analizado todo: Respeta al Creador y sigue sus indicaciones, porque esto es lo que hace humanas a las personas.

SALOMÓN
ECLESIASTÉS XII, 13 (paráfrasis)
siglo X a.C.

¿Por qué los jóvenes ponen en duda las creencias de sus padres?

1. **Por la creciente independencia.** Con el paso de los años, viene una disminución del apego a los valores de los padres y los adultos en general. El adolescente se cree más independiente y empieza a evaluar con espíritu crítico la herencia ideológica de sus padres, aunque al mismo tiempo acepta con entusiasmo los valores de su grupo de amigos.

2. **Por la amplitud de la base social.** Al entrar en contacto con nuevos círculos sociales, el joven amplía su perspectiva, contrastando los valores y creencias de su familia con las del entorno general. Este fenómeno se da de una manera radical en una primera etapa, pero una vez exploradas las otras alternativas, el adolescente regresa hacia los esquemas paternos. Quizá por ello **Mark Twain** decía:

   «Cuando yo era un muchacho de 14 años, mi padre era tan ignorante que no podía soportar su presencia. Pero cuando tuve 21 años, me quedé admirado de cuánto había aprendido mi padre en siete años.»

3. **Por su desarrollo intelectual.** El adolescente adquiere una madurez intelectual que lo capacita para analizar los problemas de una manera lógica. Ahora puede establecer generalizaciones, identificar las causas y los efectos, y distinguir los principios de los ejemplos concretos. Es muy posible que el alumno de enseñanza secundaria razone de la siguiente manera:

   «El propósito de los estudios es aprender y prepararte para el futuro en la sociedad.
   »Las tareas que nos ponen no te permiten aprender nada –son repetitivas y sin sentido–, y aún menos te preparan para tu puesto en la sociedad.
   »Me niego a hacerlas.»

   El argumento es coherente y, en algunos casos, puede tener bastante de cierto.

4. **Por la relatividad de los valores.** El muchacho o la muchacha se da cuenta de que los argumentos moralizantes que incluyen expresiones como 'siempre', 'nunca', 'jamás', no suelen ser válidos. El adolescente intuye que este tipo de absolutismo es peligroso. Por ello, se opone a las personas que presentan los principios de una manera absoluta.

5. **Por la inconsecuencia e incoherencia.** Se dice, y con razón, que el joven cierra el oído al consejo y abre los ojos al ejemplo. Cuando los que se sostiene de palabra no se ve confirmado con los hechos, es lógico que no solo se ponga en duda la fidelidad a los principios de los mayores, sino que se cuestione incluso la validez de esos principios.

Aunque el contraste ideológico molesta a muchos padres, se trata de un fenómeno propio del desarrollo adolescente. Puede evitarse mucho sufrimiento si los padres entienden esta conducta como un proceso de búsqueda, necesario y positivo, que los jóvenes han de afrontar para llegar a ser adultos.

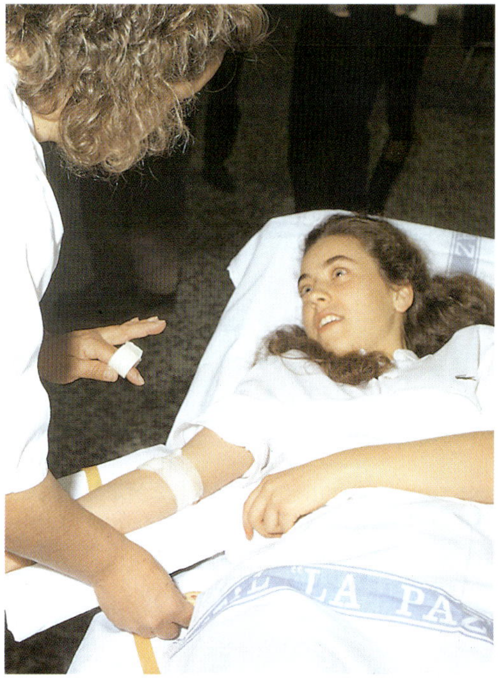

La solidaridad de los jóvenes. Aunque en ciertas cuestiones sociales, la juventud moderna se muestra menos activa que la de otras décadas, no sucede así con las actividades de carácter humanitario (como donar sangre), en las que manifiesta un grado de interés mayor que el resto de la población.

Cambios y pérdidas

Es evidente que los valores éticos y morales han sufrido cambios a través de los tiempos, y algunos incluso podríamos decir que se han perdido. La religión ha podido contribuir a ello, por haber dado una imagen errónea de una Divinidad terriblemente exigente e incluso vengativa con quienes no se someten a los dictados de las iglesias.

Nosotros al abordar este capítulo hemos de advertir que no creemos que en asuntos de conciencia hayamos de basarnos únicamente en las tradiciones familiares o sociales. Es lógico y saludable que los padres traten de transmitir su fe a sus hijos. Deben, sin embargo, tener en cuenta que, para que la espiritualidad produzca los frutos deseados, los hijos deben hacer suya esa espiritualidad y experimentarla individualmente.

Los padres deben enseñar a sus hijos desde su más tierna infancia a pensar por sí mismos y a buscar un camino de espiritualidad propio. Es cierto que en ese camino es muy bueno tener la orientación de quienes en el pasado anduvieron por él, pero cada individuo tiene que elegirlo por sí mismo y asumirlo personalmente.

En materia de fe nadie puede tomar la decisión por ninguna otra persona, incluidos sus propios hijos. Ahora bien, los adolescentes cristianos deben analizar las creencias de sus progenitores y compararlas con el puro Evangelio de Jesucristo. Resulta pues imprescindible que tomen en cuenta aquel consejo del apóstol ***San Pedro:***

«Tenemos la palabra profética aún más segura, a la que hacéis bien en estar atentos, como a una antorcha que alumbra en lugar oscuro, hasta que el día esclarezca, y el Lucero de la mañana salga en vuestro corazón» (2 S. Pedro 1: 19).

Brecha generacional

El conflicto de los adolescentes y jóvenes con sus padres en materia de **valores** o de **principios éticos,** y de **moral** o de **religión,** es un elemento presente en la práctica totalidad de las culturas. Además, y aunque en la actualidad se ha agudizado, no se trata solo de un problema contemporáneo, sino que siempre ha existido en algún grado. Posiblemente sea un fenómeno ***inevitable y natural,*** porque el adolescente necesita formar su propia visión, que no tiene por qué ser siempre la de sus padres o la socialmente establecida.

En efecto, el adolescente se enfrenta a la tarea de ***examinar*** diversos **valores** a fin de adoptar aquellos que le parezcan convincentes. El adolescente, asimismo, tiene que diferenciar entre lo aceptable y lo ina-

Dilemas morales: «¿Hasta qué punto he de respetar el principio de no copiar en los exámenes?» «¿...Y el de no dejarme copiar por un compañero?»

ceptable moralmente; es decir, necesita establecer unos **criterios éticos**. Por último, el joven quiere respuestas a una serie de preguntas fundamentales:

¿Cuál es mi origen? ¿Cómo se explica la existencia del universo?

¿Verdaderamente existe Dios? ¿Cómo puedo estar seguro de ello?

Y si existe, ¿cómo me afecta a mí?

¿Tiene alguna ventaja ser creyente?

Por supuesto, estos interrogantes guardan relación con las **vivencias espirituales o religiosas.** Así que conviene ante todo examinar las respuestas de los hombres y mujeres de fe que nos precedieron, según se registra en las Sagradas Escrituras, y que han dado satisfacción a las inquietudes de millones de creyentes a través de los siglos.

Pretendemos, por tanto, cubrir las dos vertientes –**valores éticos y morales, y espiritualidad y fe**– por constituir un aspecto vital básico que preocupa al adolescente, además de ser fuente de conflictos individuales y sociales.

El adolescente y los valores

Los adolescentes son predominantemente idealistas (ver pág. 26). Con frecuencia se los observa atareados en la promoción de valores que varían con los tiempos. La anterior generación juvenil luchó por la paz y la justicia social y denunció la corrupción en la política y en la economía. Ahora, los jóvenes luchan por la preservación de la vida y la naturaleza, defendiendo valores ecológicos para conseguir un ambiente más limpio. También se involucran en proyectos humanitarios y en defensa de los países más desfavorecidos de la tierra.

Sin embargo, ¿por qué una mayoría de jóvenes tiende a rechazar los valores ideológicos de los padres?

No hay duda de que pueden influir factores decisivos, como la ausencia de un **ejemplo coherente** por parte de los progenitores, que a veces dicen una cosa y hacen otra. Pero hay además un ***natural afán*** de **independencia** y de **emancipación**.

Así como los jóvenes desean alcanzar una independencia económica, buscan igualmente la emancipación ideológica: Buena parte de las creencias paternas, por el mero hecho de venir de sus padres, las ponen en tela de juicio. El cuadro de la página 168 ofrece las posibles explicaciones a esta tendencia juvenil.

Si los padres no son conscientes de este mecanismo, pueden sentirse heridos y el conflicto tiende a acentuarse. Muchos padres interpretan esto como algo personal:

LOS NIVELES DE RAZONAMIENTO MORAL
según Kohlberg

Álvaro no acababa de creérselo. Hasta ahora había pensado que se trataba de una broma. Sus amigos, de 15 y 16 años, estaban tramando un juego, al parecer divertidísimo, consistente en entrar separadamente en unos grandes almacenes con el propósito de hurtar alguna "cosilla". El ganador sería quien consiguiese el producto más caro. Las reglas eran simples: Solo podían robar un artículo, burlando los sistemas de seguridad. Álvaro se encontraba ante un dilema: Quería seguir perteneciendo al grupo y hacer lo que hicieran los demás, sin embargo no podía participar. Y esto no por miedo –quizá el miedo era lo más emocionante del juego–, sino porque Álvaro entendía que se trataba de un acto contrario a un principio ético que él consideraba vigente: el respeto a la propiedad ajena.

Razonamiento preconvencional: «No quiero arriesgarme. Solo de pensar en la reacción de mi padre si se enterase, se me quitan las ganas. Además, creo que la multa es de veinte veces el valor de lo sustraído.»

Razonamiento convencional: «No quiero ni debo participar. Todo el mundo sabe que robar es un acto delictivo. Con razón las leyes lo persiguen. El hurto es siempre un acto inmoral. Además... ¿cómo iba yo a hacerles una cosa así a mis padres?»

Razonamiento postconvencional: «No puedo hacerlo. Este tipo de acción muestra una falta completa de respeto por lo ajeno. Va contra todo principio de convivencia social, especialmente cuando el fin no es otro que satisfacer un capricho. Además, estas acciones no solamente perjudican al dueño del comercio, sino a la población en general, porque hacen subir los precios.»

Hacia el final de la etapa adolescente, los jóvenes cuentan con la capacidad de razonar al más alto nivel moral. Poseen madurez para juzgar con justicia, presentando los argumentos más adecuados. Sin embargo, esto no constituye una garantía de que escogerán la conducta más acorde con su razonamiento ético.

«¿Qué mal le he hecho yo para que no tenga en cuenta mis creencias? He tratado de ser una buena madre, siempre a su servicio, le he enseñado a ser una persona de bien con una fe sincera, lo he criado con sacrificio, le he dado todo lo que necesitaba... ¿Por qué ahora se muestra así de rebelde contra mí?»

En realidad el adolescente no está haciendo nada contra sus padres, ni siquiera contra las ideas de sus padres. Simplemente está tratando de resolver unos cuantos conflictos que se suelen acumular en esta etapa. Su personalidad ahora lo invita a ser **crítico** y a intentar ***buscar* respuestas** a preguntas importantes e incluso trascendentales; lo cual es saludable y conviene que sea bien encauzado por los padres y educadores.

El desarrollo moral

Formarse un **código ético *personal*,** que distinga lo aceptable de lo inaceptable es una de las tareas más importantes de quienes muy pronto van a ser adultos. Se trata del desarrollo moral, necesario para guiar la conducta diaria de toda persona.

Las etapas del desarrollo moral según Piaget

	Realismo	Intencionalidad	Normas	Autoridad	Castigo	Justicia inmanente
1ª ETAPA Moral heterónoma EDAD PRE-ESCOLAR	El niño juzga los actos como absolutamente buenos o absolutamente malos. Es incapaz de ponerse en el lugar del otro.	La bondad o maldad de un acto depende de las consecuencias que produce, no de las situaciones.	Las normas son sagradas e inalterables. El niño las obedece ciegamente.	El niño experimenta la obligación de someterse a la autoridad del adulto.	Para el niño el castigo duro debe seguir a la ejecución de un acto malo.	El niño cree que cualquier desgracia o accidente ocurre como resultado del castigo divino.
TRANSICIÓN EDAD ESCOLAR	⇩	⇩	⇩	⇩	⇩	⇩
2ª ETAPA Moral autónoma ADOLESCENCIA	Juzga los actos en función de las circunstancias. Ahora puede ponerse en lugar de los demás.	Evalúa un acto dependiendo de la intención (no necesariamente de las consecuencias).	Admite la relatividad de las normas que están hechas por las personas y al servicio de las personas, y en consecuencia pueden cambiar.	Valora su propia opinión y puede estar o no de acuerdo con la del adulto.	Opta por el castigo más suave y pone énfasis en la reforma del culpable.	No confunde la desgracia natural con el castigo. Grandes inmoralidades pueden permanecer impunes y hay desgracias que no son consecuencia de la inmoralidad.

¿Cómo se forma el adolescente este código ético o moral?

En primer lugar, la **familia** del niño en crecimiento transmite mensajes continuos en lo referente a lo bueno y a lo malo. Muy pronto el pequeño se apercibe de lo que agrada y de lo que desagrada a los mayores; así empieza a tener conciencia de lo moral o inmoral de su conducta. Más tarde, los **profesores** y los compañeros de clase aportan más información en este sentido.

En la adolescencia, el **grupo** puede llegar a ser un punto de referencia básico para determinar lo que es admisible o inadmisible moralmente (ver pág. 81). Y, por supuesto, todo este aprendizaje ocurre en el contexto de una sociedad general que tiene unos códigos morales o éticos.

Pero el ambiente social no es todo. Existe además un **desarrollo personal** continuo en la capacidad para juzgar lo bueno y lo malo. A medida que avanzamos en todas los ámbitos de la personalidad, también se desarrolla nuestra capacidad para ejercer juicios morales más maduros. Por tanto, hay razonamientos morales que no se esperan del niño y sí pueden esperarse del adolescente.

Este principio evolutivo en lo moral fue demostrado por ***Kohlberg*** y ***Piaget*** a través de numerosos estudios con sujetos de varias edades y culturas. El cuadro de la página 171 presenta un ejemplo con diver-

Marcas que no proporcionan "distinción". **Nuestra sociedad consumista ha llenado la cabeza de los jóvenes de necesidades artificiales, fomentando una insana codicia, en vez de favorecer su preocupación por quienes nunca visten "de etiqueta", ya que a duras penas pueden pueden llevarse un mendrugo a la boca.**

sas respuestas a los niveles propuestos por Kohlberg; y el esquema de la página anterior ofrece los dos estadios básicos propuestos por Piaget con la correspondiente evolución de seis conceptos morales.

Por tanto, el adolescente, especialmente hacia el final de la etapa, cuenta con los suficientes recursos para ejercer un **razonamiento moral *avanzado*.**

Ahora bien, ¿significa esto que el razonamiento se traducirá en la conducta adecuada?

No necesariamente. Pensamiento moral y conducta ética son dos cosas distintas y no van siempre ligadas. Pensemos, por ejemplo, en una situación en la que un joven ha de tomar una decisión en una u otra dirección:

Eduardo circula en motocicleta y, al pasar cerca de una fila de vehículos estacionados, se acerca demasiado y roza el lateral de un automóvil. Se detiene, examina el daño y se da cuenta de que es importante. Por un momento piensa en dejar un papel con su número de teléfono para hacerse cargo del daño o dar parte a la compañía aseguradora... Pero concluye que él no quiere problemas. Asegurándose de que nadie lo ha visto, prosigue su camino.

La mayoría de los jóvenes desaprobaría la conducta de Eduardo. Sin embargo, muchos de ellos harían lo mismo, especialmente si existiesen garantías de no ser detectados.

*¿Qué es, pues, lo que hace que alguien **juzgue adecuadamente** y además **actúe de acuerdo** con ese juicio?*

A pesar de todo, muchos estudios muestran que el **ejemplo de otros** es un factor de gran importancia. En múltiples observaciones –especialmente entre niños y adolescentes– se ha comprobado que cuando los jóvenes tienen la oportunidad de observar la conducta de los demás, tienden a llevarla a cabo ellos mismos.

En un estudio se creó una situación contradictoria para observar si puede más el ejemplo o las palabras: El modelo daba una charla en la que explicaba que hacer un donativo a las organizaciones de beneficencia es algo muy positivo. Sin embargo, llegado el momento de la donación, este mismo modelo no contribuía con nada. En este caso los observadores imitaron la conducta y no el consejo cuando se les ofreció la oportunidad de ayudar con algo de dinero. En un

A pesar de que las iglesias tradicionales no siempre han estado a la altura de su elevada misión, los estudios constatan que la fe que dicen promover aporta una salvaguardia contra experiencias dañinas y conductas antisociales.

caso alternativo, otros jóvenes sí imitaron la conducta de un modelo que, sin haber hecho ninguna apología de las donaciones, compartía su dinero.

Este proceso de **imitación** funciona especialmente bien cuando el modelo representa a alguien con quien el observador se identifica, y además ofrece una imagen de seguridad y de poder.

No es extraño que los artistas, los cantantes o los deportistas de moda determinen el **estilo de vida** –es decir, de actuar, pensar y vestir– de los jóvenes que los observan.

Otro factor de importancia vital es el ***grado*** de **compromiso** que los adolescentes tienen hacia sus principios éticos. Estas creencias pueden ser o no ser las mismas de sus padres, pero cuando un adolescente está absolutamente convencido de que algo es justo, cuenta con una fuerza especial para mantener su postura hasta las últimas consecuencias.

La fe ejerce una importante función a la hora de arraigar esos principios y proporciona fundamento firme y equilibrio a los ideales éticos y a las actitudes y comportamientos.

La espiritualidad

La adolescencia es una etapa en la que lo espiritual adquiere relevancia. El adolescente busca respuestas a ciertas preguntas, como ya hemos visto (ver pág. 170), y a otras semejantes o relacionadas con ellas:

¿Cómo empezó la vida? ¿Tiene un sentido...? Particularmente la mía.

¿Hay vida después de la muerte?

¿Acabarán alguna vez las grandes injusticias de la humanidad?

El adolescente ya no se queda satisfecho con respuestas simples y desea **soluciones profundas** a estas cuestiones.

Y es la adolescencia una encrucijada básica en el camino de la vida para plantearse estas preguntas. Quizá por esta razón las distintas tradiciones religiosas se han centrado en la pubertad para establecer ciertos rituales que inician a los muchachos en el compromiso espiritual. Por ejemplo, en torno a ella la Iglesia Católica llevan a cabo la ceremonia de la confirmación, muchas confesiones protestantes la hacen coincidir con el bautismo, y los judíos celebran el *Bar Miswah* (Hijo de la Ley).

La **fe** puede ser una vía que ofrezca explicaciones a estas cuestiones trascendentales. Y como dice el apóstol San Pablo: «La fe viene por el oír, y el oír por medio de la Palabra de Cristo» (Romanos 10: 17). Hoy en día, evidentemente tan adecuado como el 'oír', o más, resulta el 'leer'.

continúa en la página 176

El desarrollo de la fe

James Fowler y sus colaboradores entrevistaron a miles de sujetos de una amplia gama de edades (de 4 a 88 años) y creencias (católicos, protestantes, judíos, agnósticos y ateos). La conclusión de estos estudios se plasma en las etapas del desarrollo de la fe. A medida que la edad infantil se va dejando atrás y el influjo del entorno es favorable, la fe se desarrolla hasta llegar a vivir las creencias de una manera más liberadora. Sin embargo, si el mundo adulto se muestra inmaduro en este sentido, ¿podrá acaso esperar madurez en el adolescente?

1. **La fe intuitiva.** Se trata de la más infantil de las formas de fe. Dios es omnisapiente, pero con un componente mágico. Para el niño –o el adulto en esta etapa– cualquier acontecimiento es un castigo o un premio de Dios.
   Ejemplo: «Dios me ha castigado y me ha puesto enfermo el día de mi cumpleaños.» «Ayer fui obediente y hoy hace buen tiempo.» Son ejemplos de pensamientos que denotan este nivel de fe.
2. **La fe en los símbolos.** La fe en esta etapa –generalmente, niños en edad escolar– es la que se ejerce en los símbolos, no por lo que representan, sino por una pretendida cualidad intrínseca a ellos mismos, con una especie de confianza supersticiosa.
   Ejemplo: «Cuando rezo frente a esta estampita, o con el crucifijo en la mano derecha, Dios me escucha y me concede mis peticiones.»
3. **La fe convencional.** Es la exaltación de las reglas de la práctica religiosa habitual. En todas las confesiones religiosas existen principios y doctrinas que se traducen en ritos o conductas más o menos estereotipadas. Estas conductas se interpretan como la única manera de vivir la fe.
   Ejemplo: «Voy a la iglesia todas las semanas, hago mis oraciones, doy limosnas... Creo que cumplo con todo.»

La fe del adolescente maduro

4. **La fe individual reflexiva.** Ahora hay un compromiso personal con la fe y los principios. No es necesario apoyarse en la familia o el grupo, sino que uno desarrolla la fe y la espiritualidad de manera individual, que puede diferir de algún modo de la paterna.
   Ejemplo: «Es cierto, la religión de mis padres tiene aspectos muy positivos... Pero yo creo que hay que ser más consecuente con la fe que uno profesa...»

5. **La fe consolidada.** En esta etapa avanzada, el fiel reconoce honestamente el mérito de las posturas de quienes no tienen el mismo modo de interpretar la fe. Considera lógico y sano tener que someter sus creencias a un contraste con otras.
   Ejemplo: «Aunque no las comparto, entiendo el valor de las tradiciones religiosas hindúes. Es más, creo que mi propia vida espiritual se beneficiaría siguiendo algunos de sus principios.»
6. **La fe universalizante.** El creyente experimenta un sentido de unidad con las demás personas, estando siempre en armonía con sus semejantes. A pesar de contar con este espíritu de unidad y armonía, no renuncia a su individualidad ni a sus convicciones.
   Ejemplo: «En mi fuero interno me siento parte integrante de la familia humana. Respeto las ideas de los demás y me siento en disposición a cooperar con todos, independientemente de la creencia que profesen, siempre que no contravengan mi conciencia.»

Los ojos de la fe. Cuando es sincera, noble y auténtica, la fe puede ayudar a contemplar el mundo de una manera nueva, mucho más adaptada a las exigencias reales.

viene de la página 174

Cuando la espiritualidad se descuida, muchos jóvenes intentan llenar ese vacío a través de grupos esotéricos o pseudorreligiosos, a los que se suele calificar despectivamente de 'sectas'. Este fenómeno preocupa con razón a muchos padres y a la sociedad en general (ver cuadros, págs. 182-184).

Como en otros aspectos del desarrollo humano, lo que podríamos llamar **desarrollo de la espiritualidad,** o experiencia religiosa, sigue unas pautas por las que el creyente va pasando. ***James Fowler*** y sus colaboradores han encuestado a infinidad de sujetos durante los últimos años y continúan con sus investigaciones. Uno de los resultados más difundidos es la existencia de unos estadios o fases que explican el desarrollo de la fe (ver cuadro, pág. 178).

En efecto, los **niños,** por la limitación de su propio razonamiento, tienen una imagen muy **simple** de la vivencia espiritual; pero con la creciente capacidad mental y la interacción con otras personas en lo referente a la fe, se va desarrollando hasta alcanzar las etapas más avanzadas, y de mayor madurez.

La **madurez espiritual** se va alcanzando a medida que la **confianza** (la 'fe' en su sentido estricto) del creyente se desplaza de la **horizontalidad** –dirigida a algunos seres humanos como representantes de la Divinidad– hacia la **verticalidad** –relación personal y directa con Dios–.

Una persona con una espiritualidad madura y firme, aunque **comprende y tolera** las debilidades humanas, ***no*** las **acepta *ni*** las **justifica.** Así se pone en situación de conseguir un verdadero progreso espiritual y ético, y en lugar de aislarse de los demás seres humanos se hace solidario con ellos, a semejanza de los grandes líderes religiosos, como ***Jesucristo,*** que durante toda su existencia terrenal demostró un sentido de la justicia admirable, confraternizando solidariamente con todos los seres humanos, y en especial con los marginados; pero sin caer él en el pozo, sino sacando del fondo a todos los que se lo pedían.

En relación con la juventud, por otra parte, la **fe** parece ser un factor significativo para la ***prevención*** de un problema endémico en las sociedades occidentales: la **delincuencia** y el uso de **drogas** en la edad juvenil, además de constituir un ***seguro*** **contra la depresión.** ***Kenneth Hyde***, en su libro *Religion in Childhood and Adolescence* (La religión en la infancia y en la adolescencia) presenta una muestra muy amplia de estudios en los que se demuestra que la presencia de la religión en la vida del adolescente es una ***salvaguardia*** contra las **conductas antisociales** más comunes: delincuencia en general, violencia y consumo de drogas.

En su juvenil empeño por conquistar un mundo más habitable y más sincero, muchos jóvenes de nuestros días se involucran de manera activa en todo tipo de tareas de apoyo humanitario. Signo inequívoco de que los valores auténticamente humanos todavía tienen partidarios.

Este resultado aparece repetidamente: los muchachos con una creencia religiosa, que asisten regularmente a una iglesia, y que hacen uso de la oración, cuentan con un riesgo mucho menor de iniciarse en cualquier tipo de conducta antisocial.

Ahora bien, uno de los obstáculos más notables en el proceso de transmisión de los valores espirituales de padres a hijos es la **aparente rebeldía** de los jóvenes para hacer suyas las creencias de sus padres.

¿Cómo se explica este fenómeno?

Y quizá aún más importante:

¿Cual es la postura más recomendable por parte de los padres y de los demás adultos del entorno del adolescente?

Tomando algunos principios del libro *Why teenagers reject religion* (¿Por qué los adolescentes rechazan la religión?) de ***Roger Dudley***, ofrecemos una serie de respuestas a esta pregunta y sugerimos algunas de las acciones y actitudes por parte de los padres para llevar a cabo esta transmisión de valores de un modo menos problemático.

- El **rechazo** típico de los valores espirituales y religiosos es sobre todo **emocional** y no suele estar seriamente meditado ni originado en alguna aversión de tipo personal. Es como cuando el adolescente se indigna por una injusticia: no significa que tenga nada personal contra su padre –quien quizá sea en alguna medida responsable de dicha injusticia–, sino que desaprueba la acción en sí misma. Desafortunadamente, muchos padres interpretan esta actitud como algo personal contra ellos e inician una batalla.

- El **trato autoritario** hacia el adolescente es uno de los ***mayores enemigos*** en la transmisión de valores. Sin embargo, buen número de padres insiste e incluso obliga a sus hijos a aceptar sus ideas morales o religiosas. Este método no solamente no funciona con la mayoría de los adolescentes, sino que los lleva a desarrollar una actitud negativa hacia todo lo que tiene que ver con la ideología en cuestión.

- La **presentación dogmática e inflexible** de la religión ahuyenta a muchos jóvenes. Esta postura rígida suelen escogerla los padres muy devotos que tienen unas expectativas irreales, habida cuenta de la edad y contexto social de sus hijos.

- La **incoherencia** entre lo que se afirma creer y la práctica confunde sobremanera al adolescente. Las creencias que pretenden trasmitirse deben ser vividas hasta las últimas consecuencias. El idealismo, así como el recién adquirido razonamiento abstracto del adolescente, son incompatibles con creer en una cosa y practicar otra. El valor del **ejemplo** es esencial.

- El grado de **amistad** entre los padres y el hijo o la hija adolescente es un factor que contribuye a la aceptación o rechazo de las ideas religiosas de los progenitores. Para el adolescente no tiene sentido recibir ***instrucciones*** de parte de una **autoridad** y, en cambio, está bien dispuesto a aceptar el ***consejo*** de un **amigo.** Si un padre o una madre desean que su hijo adolescente considere y acepte sus creencias, tiene que dedicar tiempo a establecer una amistad personal profunda.

Finalmente, los padres deberían comprender que la fe y la espiritualidad son **experiencias de toda una vida**. No podemos juzgar el nivel espiritual de alguien aquí y ahora. Las creencias y los valores se analizan y se reajustan constantemente. La visión que el adolescente tiene hoy de la religión y la moral no será la misma dentro de unos años. Y aun cuando al adulto no le parezca la postura correcta, puede ser que esté equivocado. Buen número de hijos se rebelan, y en cuanto pueden dejan de asistir a la iglesia e incluso rechazan la fe de sus mayores. Pasado el tiempo, sin embargo, muchos de ellos vuelven a la iglesia y llegan a ser adultos con una fe firme y segura, cumpliéndose lo previsto en aquel proverbio de ***Salomón,*** que ya hemos mencionado anteriormente (pág. 70): «Acostumbra al niño al buen camino, y cuando envejezca no se apartará de él.»

GIRO EN LAS PRIORIDADES DE LA JUVENTUD

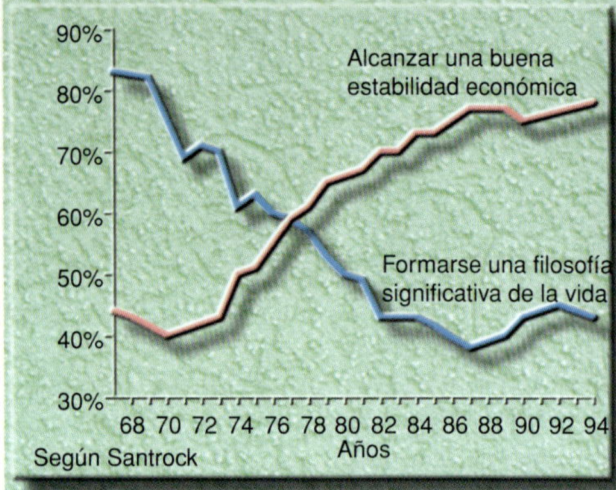

A través de encuestas realizadas a estudiantes universitarios de primer curso, se ha constatado que el objetivo personal de alcanzar una buena estabilidad económica ha ido creciendo en popularidad a través de los últimos treinta años. Mientras tanto, la meta de formarse una filosofía significativa de la vida ha perdido posiciones cuando se la compara con los datos de los años sesenta.

Los padres de una jovencita se quejaban porque su hija no quería asistir a la iglesia.

Después de hacer indagaciones, el capellán supo que ella manifestaba un espíritu altamente cooperativo con todos sus amigos y amigas, e incluso organizaba equipos de voluntarios para ayudar en el trabajo con minusválidos.

–Puede que su hija no asista a la iglesia –fue el mensaje del capellán– pero vive la solidaridad cristiana. No se preocupen en exceso. Cuando ella comprenda que la solidaridad social tiene un sentido superior y trascendente al compartir y confrontar su vivencia espiritual con los demás creyentes, regresará con toda naturalidad a la iglesia. Pero, por favor, no intenten obligarla, ni tan solo presionarla. Más bien de lo que se trata es de que en la iglesia haya un espacio físico, y sobre todo de fraternidad, donde los jóvenes puedan desarrollar sus ideales y sus inquietudes espirituales y humanitarias.

La familia, núcleo y fundamento. El Creador estableció en la tierra familias, no individuos, ni siquiera parejas en solitario, para que cada ser humano pudiera desarrollar al máximo sus potencialidades. De ahí que el ámbito ideal para la transmisión de valores no sea la escuela ni la iglesia, ni el estado o la nación, ni cualquier otro grupo u organización, por muy necesaria que resulte su existencia, sino la familia.

Reflexión final

Para reflexionar y que cada lector pueda sacar sus propias conclusiones, ofrecemos los datos acumulados durante más de tres décadas que presenta ***John Santrock*** en su libro *Adolescence* (Adolescencia).

El gráfico adjunto de la página anterior revela un giro importante en los valores de la juventud actual. El objetivo más deseable en la generación pasada, que era encontrar una **filosofía de la vida** llena de significado, ha sido reemplazado por una idea de naturaleza muy distinta, la de alcanzar una buena **estabilidad económica**.

A pesar de todo, hay muchos indicios que ponen de manifiesto un interés de la juventud por el bienestar de los demás y por participar en **tareas humanitarias** y de **voluntariado**. A pesar de ello, los datos deben hacernos pensar acerca de los valores que el mundo adulto ha estado transmitiendo a los jóvenes durante las últimas décadas:

¿Ha sido el dinero un elemento sobrevalorado por la familia y la sociedad?

¿Se han olvidado otros aspectos deseables, como los valores éticos y espirituales?

Acaso valga la pena reflexionar, por ejemplo, acerca de la imagen deformada de Dios que tantas veces los hijos han hallado en las deficientes explicaciones de sus padres, así como en su ejemplo de conducta inconsecuente.

Particularmente útil sería para los padres retornar a las viejas, pero eternamente vigentes, enseñanzas del más grande de los maestros, ***Jesucristo,*** quien vino a mostrar cómo es en realidad Dios: un Padre comprensivo, tolerante, y de inagotable y amorosa bondad.

En concreto, la **parábola del hijo pródigo**, relatada por Jesucristo, contiene una lección estimulante para todo aquel hijo adolescente que busca una intempestiva y engañosa emancipación de sus padres y de sus buenos consejos. Jesucristo quiere mostrar a todo el mundo el amor infinito y desinteresado de Dios como Padre de la humanidad, siempre dispuesto a abrir nuevamente sus brazos cada vez que, habiendo experimentado lo duro y cruel que es el mundo, alguien decida regresar a él. Esta hermosa parábola es tan significativa, incluso para quienes no sean creyentes, que hemos considerado que realmente valía la pena reproducirla íntegra (ver pág. 181).

Si los padres y los hijos de nuestros días aprendieran las lecciones de esta parábola, la vida familiar en todos los hogares del planeta resultaría mucho más agradable y armoniosa. Y los muchachos y muchachas estarían dispuestos a salir al mundo para reflejar ese amor que ellos mismos recibieron en sus casas...

Buenos fundamentos para un nuevo estilo de vida

Es nuestro deseo que en la difícil tarea de la formación del adolescente, no se pasen por alto las facetas espirituales e idealistas que conforman la más elevada dimensión humana y proporcionan **equilibrio y estabilidad** a los adolescentes.

Sin duda que la debida atención a esas facetas, así como a cuantas indicaciones hemos venido ofreciendo a lo largo de este libro, germinará en un **nuevo estilo de vida** para **familias:** padres e hijos, que darán sentido a la existencia y los inducirá a pensar que... ¡vale la pena!.

Por nuestra experiencia personal y nuestras observaciones, cualquier estilo de vida que no tenga un **fundamento *sólido*,** es fácil que se desmorone ante las múltiples contrariedades con las que nos tenemos que topar a lo largo de la existencia. Así que para dar solidez a este mejor estilo de vida individual, familiar y social, que propugnamos, permítasenos terminar esta libro recapitulando en qué debe fundamentarse:

- **Comunicación y *sincero* diálogo.** Del buen entendimiento entre los **esposos** y de ellos con sus **hijos,** surgirá de forma espontánea el **compañerismo y la amistad,** que evitará caer en la tentación de las imposiciones o la rebeldía sin causa.
- **Sentido común y equilibrio.** Es preciso evitar lo negativo y saber aplicar oportunamente y con prudencia todo lo positivo.
- **No aceptar, ni rechazar, ninguna idea** simplemente porque venga de los mayores... o de los jóvenes, sin antes haberla **analizado, contrastado,** y, si es posible, **sometido a prueba.**
- **Coherencia y humildad.** Los jóvenes respetan a quien es consecuente con sus ideas, pero también son capaces de aceptar los errores y las debilidades de los mayores cuando estos los reconocen con sinceridad.
- Y ***ante todo*** **comprensión y tolerancia,** porque todos tenemos nuestras limitaciones y nuestros fallos.

Y nos ha parecido que el consejo de ***San Pablo,*** escrito hace casi dos milenios, y registrado en el inicio del capítulo 6 de su Carta a los Efesios, es el mejor para cerrar las páginas de PARA ADOLESCENTES Y PADRES:

«Hijos, obedeced en el Señor a vuestros padres, porque esto es justo. "Honra a tu padre y a tu madre –que es el primer mandamiento con promesa–: para que te vaya bien, y vivas largo tiempo sobre la tierra". Y vosotros, padres, no irritéis a vuestros hijos; sino criadlos en disciplina y amonestación del Señor.» La condición es la misma para padres y para hijos: «en el Señor», es decir de acuerdo con los más nobles valores éticos y morales; o por poner un ejemplo, con el talante demostrado por el padre en la parábola del hijo pródigo (ver la página siguiente).

El hijo pródigo

Un hombre tenía dos hijos. Un día el menor dijo a su padre:

–Padre, dame la parte de la herencia que me corresponde.

El padre les repartió la herencia. Al cabo de poco tiempo, el hijo menor, tomó lo que le correspondía, y se fue a un país lejano.

Allí derrochó su parte de la herencia viviendo perdidamente.

Cuando hubo malgastado toda su fortuna sobrevino un hambre en aquel lugar, y llegó a tal extremo que no tuvo más remedio que ponerse a trabajar como cuidador de cerdos.

Mientras cuidaba de la piara hubiera querido poder llenarse el estómago con las algarrobas que comían los puercos.

Ante esta situación recapacitó y se dijo:

«Cuántos jornaleros de mi padre tienen pan en abundancia, mientras yo estoy aquí muriéndome de hambre. Tengo que volver a casa de mi padre, y le voy a decir: "Padre, he ofendido al Cielo y te he ofendido a ti. Ya no merezco ser llamado hijo tuyo. Trátame como a uno de tus jornaleros."»

Así que se puso en camino de vuelta al hogar.

Cerca ya de su casa, su padre lo vio de lejos, y se conmovió. Salió corriendo y se le echó al cuello y lo besó.

El hijo empezó:

–Padre, he ofendido al Cielo y te he ofendido a ti. Ya no merezco ser llamado hijo tuyo...

Pero el padre no dejo que siguiera, y dijo a sus criados:

–Sacad enseguida la mejor ropa, y que se la ponga. Colocadle un anillo en el dedo y calzadlo con sandalias nuevas. Traed el ternero cebado y matadlo. Vamos a celebrarlo, porque este hijo mío había muerto y ha vuelto a la vida, se había perdido y lo hemos encontrado.

Y empezaron el banquete.

El hijo mayor que estaba en el campo, cuando llegó a la casa, y oyó la música y la algarabía, llamó a uno de los mozos y le preguntó que estaba ocurriendo. Este le contestó:

–Ha vuelto tu hermano, y tu padre ha mandado matar el ternero cebado, por haber recobrado sano y salvo a su hijo.

El hijo mayor se indignó y se negó a entrar; pero el padre salió e intentó persuadirlo de que participara en la fiesta, a lo que le replicó:

–Es increíble. A mí, que te he estado sirviendo toda la vida sin desobedecerte en nada, jamás se te ha ocurrido darme ni un cabrito para comérmelo con mis amigos; y fíjate, en cuanto a ha llegado ese hijo tuyo que ha derrochado tus bienes con malas mujeres, vas y haces que maten para él el mejor ternero cebado.

El padre le respondió:

–Hijo mío, ¡si tú estás siempre a mi lado y todo lo mío es verdaderamente tuyo! Creo que había que hacer fiesta y alegrarse, porque este hermano tuyo se había muerto y ha vuelto a la vida, se había perdido y lo hemos encontrado.

Esta parábola de Jesucristo se encuentra en el Evangelio de San Lucas, capítulo 15, versículos 12-32

¿IGLESIA O SECTA?

¿COMUNIDADES DE FE O GRUPOS PSEUDORRELIGIOSOS?

No siempre resulta fácil distinguir un grupo pseudorreligioso de una confesión seria. Tampoco lo es distinguir entre una religión minoritaria y una secta peligrosa. Ahora bien, es necesario que todos, jóvenes y adultos tengamos claro cuáles son sus características distintivas.

Los sucedáneos, igual que las falsificaciones, de todo tipo, cuando alcanzan éxito se debe a que mezclan un suficiente grado de sentido común y buena lógica con aspectos irrazonables.

De ahí la necesidad de plantear algunas pautas reconocidas por la mayoría de los analistas de la cuestión, que nos puedan ayudar a distinguir una confesión religiosa seria y honorable, de un grupo pseudorreligioso. Y es que, lamentablemente, existen bastantes grupos pseudorreligiosos o sectarios cuyas prácticas pueden afectar a la salud física, mental y social, y no digamos ya espiritual de las personas, especialmente de los adolescentes.

¿Desde qué punto de vista?

En primer lugar conviene aclarar que la palabra 'secta' no ha tenido siempre un sentido tan peyorativo como el actual.

El Diccionario de la Academia define 'secta' así: «Conjunto de seguidores de una parcialidad religiosa o ideológica. Doctrina religiosa o ideológica que se diferencia o independiza de otra. Conjunto de creyentes en una doctrina particular o de fieles a una religión que el hablante considera falsa.»

Por lo tanto, en un sentido genérico, 'secta' es un grupo de personas aglutinadas en torno a una ideología o doctrina que, generalmente, se ha escindido de otro grupo mayor por discrepar de sus creencias y prácticas.

La religión cristiana, en sus inicios era considerada una secta del judaísmo. El abogado Tértulo acusó al apóstol San Pablo ante el gobernador romano Félix de ser un «cabecilla de la **secta** de los nazarenos». Por su parte, los judíos de Roma, consideraban que desde su punto de vista los los cristianos eran una 'secta', y por eso le dijeron al mismo San Pablo: «Nos gustaría que nos expusieras tus ideas, porque lo único que sabemos de esa **secta** es que en todas partes encuentra oposición» (Hechos de los Apóstoles 24: 5; 28: 22, 'Nueva Biblia española').

Sectas y... sectas

En realidad, prácticamente todos los movimientos ideológicos y religiosos hoy predominantes, y que por tanto se consideran socialmente positivos, empezaron siendo una 'secta', en el sentido que otorga a la palabra el Diccionario. Debido a ello, para distinguirlas de las inocuas y de las positivas, suele hablarse de un tipo de sectas 'peligrosas', 'nocivas' o 'destructivas'.

Las sectas destructivas

Veamos algunas de las más significativas características comunes a la mayoría de los grupos pseudorreligiosos o sectarios, en contraste con una sana espiritualidad.

- **Exclusivismo:** Las sectas nocivas fomentan entre sus adeptos el aislamiento, incluso de la familia, con la excusa de la "protección del mal". Los sectarios propician la **uniformidad,** a la que confunden con la unidad. Todo eso provoca una **cerrazón** creciente y la **despersonalización** del adepto, que, si intenta abandonar el grupo, puede verse sometido a coacción, el vacío social o incluso agresiones.

- **Catastrofismo:** En lugar de luchar por la mejora de la condición humana actual, muchos grupos sectarios viven **obsesionados** con una presunta **inminente destrucción** total. Las sectas nocivas motivan a la obediencia a través del **miedo,** por ejemplo sufrir el castigo de tormentos eternos, en lugar de hacerlo mediante el énfasis en la bondad infinita y el amor universal de la Divinidad.
- **Liderazgo carismático:** Los líderes sectarios pretenden tener línea directa con las fuerzas sobrenaturales y se consideran los **únicos intérpretes** autorizados e **infalibles** de la voluntad divina. Los dirigentes no son elegidos por los miembros ni pueden ser sustituidos de acuerdo con normas objetivas fijadas por escrito de antemano.
- **Alienación:** Como los líderes sectarios controlan la vida de sus seguidores en todos sus detalles, provocan en ellos una **dependencia despersonalizante,** que destruye los vínculos afectivos y el entorno familiar y social; pues exigen una adhesión al grupo excluyente de cualquier otro lazo sentimental. Es lo contrario a lo que ofrece una **religión liberadora,** que postula la libre comunicación individual y sin intermediarios con la Divinidad.
- **Dogmatismo:** El sectario se ve constreñido a vivir en la ignorancia de las ideas ajenas, ya que la **verdad** es considerada como **patrimonio exclusivo** de su grupo. Se controla la información que llega a los adeptos. Se coarta así la capacidad para **analizar, comparar y escoger.**

Para reflexionar

Teniendo en cuenta estos principios generales, cabe que, adultos y jóvenes, padres e hijos, nos hagamos alguna reflexión:

En primer lugar, no hemos de olvidar las lecciones de la historia antigua, y de la reciente, que registra casos de algunos de los "**martillos de herejes**" o "**cazadores de brujas**" más sectarios que las sectas a las que persiguen.

En segundo, y no menos importante lugar, tengamos siempre presente que hay sectas muy **mayoritarias...** y muy **antiguas.** No es oro todo lo que reluce, ni secta nociva cualquier grupo al que se haya cubierto de oprobio en una lista negra arbitraria.

Además conviene no olvidar que en todos los grupos que se mueven por una ideología –partidos políticos o iglesias, por ejemplo–, aunque sus planteamientos doctrinales no sean sectarios, es prácticamente inevitable que dentro de ellos se produzcan actitudes sectarias por parte de algunos de sus miembros. Incluso puede darse el caso de que en una organización no sectaria, se formen subgrupos que sí lo sean.

¿Quiénes responden al reclamo de los grupos pseudorreligiosos?

Los grupos pseudorreligiosos, llamados despectivamente en algunos casos 'sectas', son a veces la vía por la cual los jóvenes tratan de llenar su vacío espiritual. Los usos religiosos tradicionales no siempre se acercan a la juventud. Por su parte, la familia actual se debilita en su papel de transmisora de valores. Y así el joven busca otras fuentes de satisfacción para sus necesidades espirituales. Esto facilita las tareas de captación a cargo de personas o grupos esotéricos o extravagantes.

¿Cuáles son las **características personales** de los jóvenes que cuentan con mayores probabilidad de ser captados? **George Swope** identificó seis rasgos que hacen a sus poseedores más vulnerables a la captación:

- **Idealistas en exceso.** Aunque todos los adolescentes poseen este rasgo en cierta medida, aquellos que están llenos de aspiraciones de perfección para sí, y para la sociedad en general, suelen ser el objetivo predilecto de los grupos pseudorreligiosos o sectarios, los cuales les asegurarán que el ideal al que aspiran únicamente puede conseguirse en el seno de su organización.
- **Inocentes.** Los jóvenes crédulos que no sospechan de las promesas poco realistas que les proponen, son más susceptibles de captación. Lo que para otros resulta obvio, no les parece tan claro a quienes cuentan con una personalidad ingenua.
- **Curiosos.** Con frecuencia, la curiosidad lleva a muchachos y muchachas a unirse a alguno de esos grupos. Llegan a percibir el halo supuestamente místico y sobrenatural de estas organizaciones como la respuesta a sus preguntas existenciales.
- **Independientes.** Los jóvenes independientes tienden a establecer un domicilio aparte de la familia. Así, se hallan desvinculados de los suyos y en esas condiciones son objeto más fácil de captación; pues a pesar de su deseo de independencia todo ser humano siente la necesidad de pertenecer a un grupo: nueva familia, una iglesia, un club, una asociación. El Creador nos hizo sociables, y cuando nos salimos de un grupo, todos tendemos normalmente a agruparnos en otro con el que nos nos parece que nos identificamos mejor.
- **En busca de identidad.** Cuando un joven está confundido en cuanto a su propia identidad –especialmente la ideológica–, puede identificarse fácilmente con un grupo que parece escucharlo y que puede ser peligroso.
- **Inseguros.** El adolescente inseguro es fácil de convencer. Palabras suaves, sonrisas y muestras de cariño pueden ser suficientes para llegar a impulsar a un joven o a una muchacha a unirse a tales grupos.

Adaptado de Swope

Una atmósfera de amistad familiar en la que se satisfagan las necesidades espirituales de todos sus miembros, constituye sin duda el mejor sistema de prevención contra los efectos de los grupos pseudorreligiosos.

Pensándolo bien

LOS JÓVENES

Sincerándote a solas

Pregunta: ¿Encuentras sentido a la vida?

Respuesta:

P: ¿Crees que los principios éticos son necesarios? ¿Te parece que vale la pena ponerlos en primer lugar en la vida?

R:

P: ¿Amas sinceramente la justicia y la verdad?

R:

P: Dostoyevski afirmó: «Si Dios no existiera, todo estaría permitido». Y tú, ¿que opinas?

R:

P: ¿Te consideras una buena persona? ¿O sientes que eres más bien lo contrario? ¿O quizá ni lo uno ni lo otro?

R:

P: ¿Copias en los exámenes? ¿Consientes que te copien?

R:

P: ¿Te parece justo y lícito tomar dinero de casa sin pedirlo?

R:

P: ¿Consideras que robar en los comercios es emocionante o divertido?

R:

P: Cuando te das caprichos caros, ¿eres capaz de pensar en quienes no disponen ni de lo más elemental?

R:

P: ¿En qué momento odias más la injusticia, cuando la sufres o cuando la causas?

R:

P: ¿No crees que vale la pena ser solidario con los desfavorecidos?

R:

Reflexión final y conclusiones

LOS PADRES

Reflexionando con calma

Pregunta: ¿Se guían ustedes por un código ético definido?

Respuesta:

P: ¿Se esfuerzan por inculcar valores morales sólidos, y una conciencia recta, en sus hijos?

R:

P: ¿Se consideran ustedes creyentes? ¿Se puede ser realmente creyente y no practicar la fe en la que se dice creer?

R:

P: ¿Desprecian ustedes los valores éticos o los espirituales delante de sus hijos?

R:

P: ¿Suelen ser ustedes coherentes con los principios que dicen sostener? ¿De veras creen que el ejemplo es fundamental?

R:

P: ¿Creen ustedes que sus hijos se sienten tratados con justicia y amor?

R:

P: ¿Se dan ustedes cuenta del valor ético que encierran las menores exigencias cotidianas?

R:

P: ¿Se preocupan ustedes del bienestar de los demás? ¿Se dan cuenta de ello sus hijos?

R:

P: ¿Comprenden que las celebraciones externas de la religión tiene que ser algo más que meros actos folclóricos o acontecimientos sociales?

R:

P: ¿Comentan con sus hijos los peligros de la xenofobia, el racismo, la violencia y las injusticias sociales?

R:

Reflexión final y conclusiones

BIBLIOGRAFÍA

AGUILAR, I. / GALBES, H., *Enciclopedia salud y educación para la familia*. 4 tomos, Madrid: Editorial Safeliz, 1996 (existe versión en alemán, francés e inglés).

DUDLEY, R., *Why teenagers reject religion*. Hagerstown, Maryland: Review and Herald Publishing Association, 1976.

DUNN, R., DUNN, K. Y PRICE, G. E., *Learning style inventory*. PO BOX 3271, Lawrence, Kansas, 1983.

ELKIND, D., *All grown up and no place to go*. Reading, Massachusets: Addison-Wesley, 1984.

FOREIGN AND COMMONWEALTH OFFICE, *Young People in Britain*, Londres, 1995.

FOWLER, J.W., *Stages of faith*. San Francisco: Harper, 1981.

FUENTES MENDIOLA, A., *¿Entiendes a tus hijos?*. Madrid: Rialp, 1992.

GILCHRIST L. D. Y SCHINKE S. P., "Adolescent Pregnancy and Marriage", en VAN HASSELT, V. B. Y HERSEN, M. (Eds.), *Handbook of Adolescent Pregnancy*. Oxford: Pergamon Press, 1987.

GINSBERG, E., GINSBERG, S. W., AXELROD, S. Y HERMAN, J. L., *Occupational choice: An approach to a general theory*. Nueva York: Columbia University Press, 1951.

GLASS, I. B., *The international handbook of addiction behaviour*. Londres/Nueva York: Tavistock/Routledge, 1991.

HAVIGHURST, R. J., *Developmental tasks and education*. Nueva York: David McKay, 1972.

HOLLAND, J. L., *Making vocational choices: A theory of careers*. Englewood Cliffs, New Jersey: Prentice-Hall, 1973.

HYDE, K. E., *Religion in childhood and adolescence*. Birmingham (Alabama): Religious Education Press, 1990.

I.N.E., *Anuario Estadístico 1995. España*, Madrid, 1995.

---, *Panorámica social de España. 1994*, Madrid, 1994.

I.N.S.E.E., *La Societé Française. Données Sociales 1993*, París, 1993.

KOHLBERG, L., *Essays on moral development*. San Francisco: Harper & Row, 1981.
Existe edición en español: *Psicología del desarrollo moral*. Bilbao: Desclée de Brouwer, 1992.

MERMET, G., *Francoscopie 1995*, París: Larousse, 1995.

MILLER, B. C. Y MOORE, K. A., "Adolescent sexual behaviour, pregnancy, and parenting: Research through the 1980s", *Journal of Marriage and the Family*, 52, 1025-1044, 1990.

PIAGET, J., *The moral judgment of the child*. Nueva York: Harcourt Brace, 1932.
Existe edición en español: *El criterio moral en el niño*. Barcelona: Fontanella, 1983.

SANTROCK, J. *Adolescence*, Madison: Brown and Benchmark, 1996.

SCHIAMBERG, L. B., *Human development*. Londres: Collier Macmillan, 1985.

STEINBERG, L., "Latchkey children and susceptibility to peer group pressure: An ecological analysis", *Developmental Psychology*, 22, 433-439, 1986.

SWOPE, G. W., "Kids and cults: who joins and why?", *Media and Methods*, 16, 18-21, 1980.

TIERNO, B., *Adolescentes: Las 100 preguntas clave*. Madrid: Temas de Hoy, 1992.

U.S BUREAU OF THE CENSUS, *Statistical Abstract of the U. S.*, Washington, 1995.

ÍNDICE ALFABÉTICO

PROCEDENCIA DE LAS ILUSTRACIONES

Todas las fotografías que aparecen en este libro, salvo las que se indican, han sido realizadas por Pablo Lozano.

ADRA (cedidas): págs. 55, 169, 177.

Chicharro, Ángel S.: págs. 128, 138, 139, 140, 141, 157.

Corel Professional Photos: págs. 17, 20, 22, 24, 26, 50, 86, 87, 88, 96, 102, 103, 112, 154, 156.

Covaleda, Luis E.: pág. 33.

Gazelle Technologies Inc.: págs. 130, 184.

Klenk, Gunther: 174.

MEV-Verlag: 36, 43, 91, 92, 94, 110, 115, 179, 183

Niehoff, Ulrich: 29, 74, 114

Index: Tapa delantera (Douglas E. Walker)

Tejel, Andrés: pág. 50.

Weindl, José Mª (ilustraciones): págs. 18, 69, 86, 89, 128.

Werner, Ludwig: págs. 14, 15, 29, 31, 40, 50, 58, 59, 65, 70, 80, 85, 99, 106, 108, 111, 137, 146, 150, 153, 163.

Los **cuadros y gráficos** han sido realizados en Editorial Safeliz mediante un sistema infográfico digital.